主编　黄侯兴

女作家的情感世界

冰心：世界上爱是最可贵的

卓　如著

河南文藝出版社
·郑州·

图书在版编目(CIP)数据

冰心:世界上爱是最可贵的/卓如著. —郑州:河南文艺出版社,2014.12

(女作家的情感世界)

ISBN 978-7-5559-0137-2

Ⅰ.①冰… Ⅱ.①卓… Ⅲ.①冰心(1900~1999)-评传 Ⅳ.①K825.6

中国版本图书馆 CIP 数据核字(2014)第 263308 号

出版发行 河南文艺出版社
本社地址 郑州市鑫苑路 18 号 11 栋
邮政编码 450011
本社网址 http://www.hnwycbs.cn
电子信箱 master@hnwycbs.cn
售书热线 0371-65379196
承印单位 河南省瑞光印务股份有限公司
经销单位 新华书店
纸张规格 890 毫米×1240 毫米 1/32
印　　张 7.75
字　　数 180 000
版　　次 2014 年 12 月第 1 版
印　　次 2014 年 12 月第 1 次印刷
定　　价 23.00 元

总序

女人的情感世界，是一道迷人的风景线。

法国女权主义作家西蒙娜·波伏娃在《第二性》一书中写道：

> 当迷人的女人展示出她的全部风采时，她是令人激动的客体。她是深深树立在非洲丛林战的图腾，她是直升机，她是小鸟。而最令人叹服的是，在她的着色的头发下面，森林的沙沙响声变成了思想，话语从她的双乳中流出。男人向这位迷人的女人伸出了渴望的双手，但是当要抓住她时，她却消失了。

爱的文化意蕴可以比作一朵紫罗兰，是一种悠悠柔情的紫红色。我相信，天下女子也都会有如此美丽、纯洁而富有诗意的情感世界。

这套“女作家的情感世界”丛书，推出冰心、林徽因、丁玲、张爱玲四位中国现代女作家传主。这些作家在作品中各自展示了女性的风采及其独具个性特色的精神品质：或奔放，或蕴藉；或轻盈，或凝重；或潇洒，或低吟。阅读文本，无论是诗歌、散文还是小说，虽然抒情叙事的方式不同，但无不镂刻着时代的印记，谱写作者心灵的乐章。

冰心是受到广大读者尊敬的五四诗人。在她的晶莹清丽的小诗中，浸透着母爱与博爱两个主题。“人类啊，相爱吧，我们都是长行的旅客，向着同一的归宿。”“母亲啊，天上的风雨来了，鸟儿躲到他的巢里；心中的风雨来了，我只躲到你的怀里。”

冰心吟诵母爱,林徽因弹唱的则是男女情爱之曲。“我说你是人间的四月天,笑响点亮了四面风,轻灵在春的光艳中交舞着变。”全诗跃动着少女的一颗纯真的初恋的爱心。

丁玲拒绝了冰心的娴静,也跨过了林徽因的纯真。她笔下的莎菲女士,是一位经过五四新文化洗礼的知识青年,是旧礼教的叛逆者,是性爱的大胆的追求者。莎菲在两性关系中占据着主导地位,她可怜苇弟的怯懦,也鄙视凌吉士的市侩气,这就是“莎菲式的爱”。

张爱玲笔下的女性,不具有主导的地位,相反的是被彻底地边缘化了。《金锁记》里的七巧,出身低贱,嫁到姜公馆当二奶奶,然而丈夫是一个性无能的残疾人,她带着沉重的精神的负荷渴望得到情爱与性爱,只有当她与小叔姜季泽的偷情受到扼制以后,她才成为一个疯狂报复的女人。一副打不开的金锁,锁住了女人美丽、纯洁的爱心,换来的是七巧破碎的情感世界。

为保证丛书的质量,我们特意邀请四位教授撰稿。他们对自己承担的撰稿课题有专门的研究,是该研究领域的专家。我们谨此致以谢忱。

本书的特点是故事性强,叙事生动简约,文字明白晓畅,并配有图片。这是我们奉献给广大读者的丰腴的精神食粮。敬请读者批评指正。谢谢!

黄侯兴　于北京

(黄侯兴,1934年生,祖籍福建泉州,印度尼西亚归国华侨。中国社会科学院研究员,中国传媒大学兼职教授。著有《鲁迅——民族魂的象征》《郭沫若——青春型的诗人》《茅盾——人生派的大师》《孔子与论语》以及散文集《北大九年》《残破的世界》等。)

目 录
Contents

第一章

1.情书铺天盖地而来

青年,是青春焕发的年华,是朝气蓬勃的岁月,又是最富有开拓性的时期。冰心(原名谢婉莹)在如花似锦的年华,把生命中蕴藏的活力,自由挥洒出来,勇敢地拿起笔来,参加开创新文学的伟大事业。

在中国漫长而丰富多彩的文学历史里,著名诗人、作家辈出,而女作家却寥若晨星;在新文学运动初期,涌现出众多的作家,而女作家依然是凤毛麟角。冰心相继发表了《两个家庭》《斯人独憔悴》等小说,以广泛的题材、浓郁的时代气息、清新的哲理、忧愤的格调,征服了千万读者,成为文坛上初升的新星。热情的读者期待着冰心的新作,男子们的情书,一时铺天盖地而来。那些冲破了封建家庭的束缚,投身于五四运动的男子汉们,用笔和纸发起进攻,唱着另一种战歌……

面对纷纷而来的情书,起初冰心还看看,内容大多是"仰慕……”“我为你……”发信者有五四运动中的健将，有诗人，有名人……后来看多了，再来的信件她连看都不看，就交给父母了，父母收后也就放在一边。

冰心的父亲谢葆璋，时为海军部的高级官员，谢家的长女不仅聪慧过人，而且端庄、灵秀，一时求婚者接踵而至，有年轻的政府官员，有出国留学归来的优秀军官……

海军部里有一位年轻有为、英俊的军官，冰心的父亲很满意，但是母亲杨福慈因丈夫参加甲午海战，战争中受尽了惊恐，回想起作为军官家属度过的那些忧心如焚的日子，她感慨地说，我的女儿绝不嫁给军官。而冰心自己，看到那些倾慕者的信，却暗想，将来不嫁

1918年，冰心与母亲杨福慈、三弟谢为楫在北京合影

给那些舞文弄墨的人。

可是,在冰心的生活经历中,接触的异性却大多是青年学子。

冰心在社会活动中最早结识的男性朋友是郑振铎。那是1919年11月16日,福州学生正在向民众宣传抵制日货,日本暴徒几十人持械寻衅,当场打伤七个学生和许多市民,还打死了警察,造成流血惨案。日本不但不惩办凶手,还派军舰到马尾港示威,福州学生罢课,商界罢市,全国各地纷纷声援。11月19日,北京学生近三万人在天安门前集会,声讨日本的暴行,抗议日军舰侵扰福州,会后示威游行。

在北京的福建籍学生,岂能坐视父老乡亲被日本人宰割,立即成立了福建省抗日学生联合会。时在北京女高师读书的黄英(即后来的女作家庐隐)、王世瑛,北京协和女子大学的冰心都参加了福建学生的集会。集会中,冰心看到一位身材魁伟的青年上台了,瘦长的面庞,两道浓郁的眉毛弯弯的,特别醒目,锐敏的眼神,直逼着听众。他用高亢的声调,纵谈我国悠久的文化历史,痛惜国家软弱,备受强邻的欺侮,越讲越激昂:“我们要有牺牲的精神,我们有沸腾的热血,我们要驾驶破浪的大船,满载着可怜的同胞,进前!不管它浊浪排空、狂飙肆虐,我们向着光明的所在进前!进前!”

冰心在福州女子师范读书时的同学王世瑛轻轻地拉了一下冰心的衣角,悄悄地告诉她:“他叫郑振铎,是铁路管理学校的代表,做运动很热心的……”郑振铎和许多学校代表的演讲,深深地激发了冰心的豪情,更坚定了她为祖国、为家乡雪耻的决心。会后,郑振铎和冰心相识了,他成为冰心最早的一位异性朋友。随后冰心又从王世瑛的介绍中,了解到郑振铎热情、豪爽的品性。

这时郑振铎正热恋着王世瑛,冰心从郑振铎写给王世瑛的一封封大笔纵横的长信中，看到了郑振铎的才华和纯真。

冰心最初共事的男性是许地山和瞿世英（菊农）。

许地山，1893 年 2 月 14 日生于台湾台南，三岁随父母回归大陆。1910 年毕业于广东随宦中学堂。1917 年到北京，进入通州协和大学。1918 年通州协和大学和汇文大学合并，成立燕京大学。1919 年许地山参加五四爱国运动，成为燕京大学的学生代表，结识了校外的进步青年，与瞿秋白、郑振铎、耿济之、瞿世英等一起创办青年读物《新社会》旬刊。

1920 年，冰心就读的协和女子大学，并入燕京大学，成为燕大女校。

燕京大学创办了一个综合性的刊物《燕京大学季刊》，编辑委员会由陈哲甫教授主持，参加编委会的有许地山、瞿世英等人。女校派冰心为代表，参加编委会工作。国文方面的编辑由许地山负责。

许地山和瞿世英都已积累了一些编辑刊物的经验，而冰心却是个新手，编刊物是平生第一遭。她抱定一个宗旨，跟着老师和高班的学长们学习，分派给自己的事就用心去干好。

《燕京大学季刊》创刊号的稿子集中后，编委会感到栏目不大平衡，文艺方面的稿件较少。许地山和瞿世英想考验一下女校代表，明知冰心是理化科的，却请她为创刊号赶写文艺方面的文章。没有料到，这位女校的代表，尽管年轻，却毫不示弱，爽快地应承了下来。

冰心写了一篇小说《世界上有的是快乐……光明》和一篇有关联欢会的报道，她把两篇稿子交给国文编辑许地山。由于当时男女合校的风气刚开，男女同学的接触，在教会学校里仍然沿袭着监护人的制度，就是男女同学的联系，必须有教师在场。冰心分别给监

1919 年，冰心在北京协和女子大学

护老师和男校的季刊编委写信，约定时间和地点。

许地山、瞿世英都应约按时来到了，监护人带着一本书坐在后面阅读。冰心把两篇稿子羞涩地交给他们，许地山也把已经看过的稿子给冰心复阅。瞿世英看完冰心写的《燕京大学男女校联欢会志盛》，十分客气地建议："密斯谢，我觉得这篇报道写得很详细，符合实际情况。不过第一段好像可以删去，因为两个学校合并了，当然原来的校名就要更改了，这是理所当然的事。稿子上写的：'我们朝夕瞻仰的协和女子大学校的匾额，却已经寂寂无声、烟消火灭地过去了，当此时事变迁、新陈代谢的时候，我们自然不应当恋旧拒新，然而我们末日的协和女子大学校的学生，对于这神龙出没的旧匾额，却也不能不低回感慨呵！'我们都没有这种情绪，对于合校都感到欢乐。而且第二段的开头'那天的天气，十分的清和，日暖花香'，作为全文的开头也很合适。"

冰心平时待人处事，总是像母亲杨福慈那样温蔼、宽厚。在学校里，都是女同学，遇到争执时，她都是十分谦让，从不逞强好胜。同学们也都喜欢她。可是今天同男校的高班同学相对，共同编辑季刊，自己又是女校参加编委会的人，应该代表女校说话。于是她不假思索地顶了回去："男女合校，是我们协和女大合到燕京大学里去，你们男校，一切照旧，当然没有什么了。而合校的联欢会是在我们学校里开的，我们朝夕瞻仰的'协和女子大学校'的匾额摘去了，换上燕京大学女校文理科的牌子，我们的校旗卷起来了，再也没有挂的日子了，我们的校歌，没有再唱的时候了。在这新旧交替的时候，我们就是有这种感情，也是很自然的，为什么不能反映出来呢？"

许地山仍在津津有味地读那篇《世界上有的是快乐……光明》，对这篇报道的内容并不了解，他不好说什么。坐在一旁看书的监护人，只抬头望望，微微一笑，又继续低头看她的书去。

瞿世英经她这么一反驳，也觉着自己的理由并不十分充分，只得无可奈何地说："那就按照密斯谢的意见，不要改动了吧。"

其他备用的稿子一一商量过后，就分头作些文字上的斟酌修改。冰心仿佛为女校争了一口气似的，怀着胜利的喜乐，带着分给她的文稿，向他们说"再会"。许地山和瞿世英按照教会学校的习惯，让冰心先走。

冰心刚走到门外，身后却传来了惊叹的声音："嗬，真厉害！"冰心明知瞿世英和许地山是说她，但也不便回头去跟他们计较，只得当作没听见,若无其事地径自走了。

对付这位“厉害”的女校代表冰心,许地山也有他的绝招。他写了一篇文章,追记五四爱国运动中,北大、燕大以及其他学校的学生被捕,同学们都分头出去募捐,援救、慰问被捕的同学。文章中用了“雇工”二字。冰心在编稿时,就随手在“雇”字上加上“亻”旁,改成“僱工”。许地山看后,颇不以为然,但他却默不作声,一笑置之。

几天之后,冰心突然接到一封信,厚厚的,她感到有点奇怪,拆开看时,原来是许地山写的,中心意思是:古代的“雇”字,没有“亻”旁,引经据典,论证“雇工”二字是正确的。冰心阅毕就放到一边去了,没有搭理。不料,过了一个礼拜,许地山又寄来了一封长信,补充引证了许多材料。冰心哭笑不得,立即回信说:“我服了,你不用再找更多的材料了……”

暑期快到了,尽管北京的夏天并不十分炎热,但外省的师生都要回家度假的。而《燕京大学季刊》不能因放假脱期。为了保证第三期开学时出刊,编辑部指定陈哲甫教授和瞿世英、冰心共同组织一个委员会,在暑假编辑刊物。

1920 年 7 月,爆发了直皖战争。这是北洋军阀内部为争夺统治权而进行的一场战争。

战争爆发后,邮电断绝。陈哲甫教授因事回天津去了,刊物之事冰心无法向他讨教。瞿世英忙于别的工作,无力分身,其他同学大多回外省度假去了。征稿和编辑工作都非常困难,《燕京大学季刊》第三期“几乎要入枯鱼之肆”。在这艰难、困窘的情况下,年仅二十岁的冰心勇敢地挑起了重担,冒着炎热酷暑,放弃假期休息,尽力审稿编辑。稿子不够用,她就只得自己动手了。

季刊第三期按时出版了,老师和同学,无不惊叹这位年轻女子的才干。瞿世英非常佩服冰心，怀着深情，专门写了一篇文章，表彰她在季刊编辑工作中的功绩。秋季开学后，冰心被选为《燕京大学季刊》编辑部的副主任。

1920 年一个冬日的傍晚，《燕京大学季刊》的编辑会议刚刚结束，冰心还在整理面前的纸笔和稿件，瞿世英和许地山一起走到冰心的座位边来。

瞿世英冲着冰心点点头："密斯谢，有件事想同你商量。"

三个人围着会议桌坐下后，仍然是瞿世英先开口："我们几个朋友，主要是郑振铎他们，想办一个文学杂志，想请商务印书馆帮助我们出版。可是，商务印书馆的经理张菊生和编辑主任高梦旦先生认为文学杂志同他们原先编辑出版的《小说月报》差不多，只答应改组《小说月报》，不同意另出我们的文学杂志。我们自己因为经济关系，不能出版杂志。因此有几个朋友提议，为了便于同书局接洽，先办一个文学会……"

冰心倾心听着瞿世英的叙述，微笑着表示："这个提议，很有道理。"

瞿世英兴奋地接着讲："没多久，上海的沈雁冰就给王统照（字剑三）来信说，由他接编《小说月报》，进行革新，约我们为他撰稿。郑振铎看了信以后，就给沈雁冰回了信，说明要组织一个团体，大家愿意供稿，也把你的名字列上了。"冰心莞尔一笑。

瞿世英没等她表态又接着说："我们借北京大学图书馆主任室开了一个会，议决积极筹备文学会的发起，推郑振铎起草会章，名称定为文学研究会……我们的宗旨是研究介绍世界文学，整理中国旧文学，创造新文学。"

许地山只在一旁听瞿世英滔滔不绝地说着，冷不丁地插上一句:“我们的周(作人)先生也是发起人之一,宣言书还是他起草的呢!”

“呵,还有宣言书?”在冰心的心目中,宣言书是极其庄肃的事,不能不在意。

瞿世英赶忙解释道:“所谓宣言,就是说明我们发起这个文学研究会的目的,周先生写了三层意思:一是联络感情,结成一个文学中心的团体;二是增进知识;三是建立著作工会的基础。大家认为把文艺当作高兴时的游戏或失意时的消遣的看法,现在已经过时了。文学是一种对人生很切要的工作,我们做文学的人,应当把文学作为终生的事业,促使文学的发达和巩固。这个主张你总会赞同吧?”

冰心没有立即表示什么意见,只轻声地问:“都有谁参加?”

“参加发起的就有十二个人,周先生领头,北大新潮社的孙伏园、叶绍钧,上海的沈雁冰,还有朱希祖、蒋百里、郭绍虞、耿济之……女高师黄英也参加了。”瞿世英掰着手指头数着。

“会章规定,凡赞成本会宗旨,有两个会员介绍,经过多数会员承认,就可以加入为会员。因而,我们两个就把你的名字给写上了。”许地山把最核心的意思和盘托出。

冰心琢磨着,既然燕京大学的教授、老师和高班的同学都参加作为发起人,也有女同学加入了,自己参加,谅也无妨。就婉转地说:“这是一件好事,谢谢你们!”

“听郑振铎讲,《小说月报》内容要彻底改革,已经答应为他们撰稿。特别是第一期的稿子要得很急……”

《小说月报》早在清朝宣统二年(1910年)七月创刊,是一个已有十年历史的大型杂志,它以移译名作、缀述旧闻、灌输新理、增进常识为宗旨。小说内容则侦探、言情、政治、历史、科学、社会各种皆备,附以译丛、杂纂、笔记、文苑、新知识、传奇、改良新剧诸门类。冰心在辛亥革命后,刚来北京的时候,母亲就订阅《小说月报》和《妇女杂志》。她当时尚未进入中学,也跟着母亲看过这些杂志。从杂志后面的"文苑栏"里,开始知道词,开始阅读各种词。她联想到词里写的景物都是很美的。她又想到《古文观止》上的一些文章,叙事与抒情紧密结合,情文相生,千载传诵,可惜白话文就很少见到那种文采丰茂的文章。

圣诞节快到了,在宗教气氛相当浓厚的燕京大学里,常常能看到一些有关基督教的宣传画,冰心很喜欢那张象征着天真、美丽、纯洁的安琪儿的画,那轻纱似的白衣,那飞扬的翅膀,那孩提的微笑。这凌空翱翔的天使,带给众生的是纯净的爱。

种种的启示,使过去经历的美的意境都幻化成眼前的一幅幅画面,凝聚成一篇散文《笑》。她写好后,连同瞿世英、许地山的稿子,一并交给郑振铎。郑振铎又加上叶绍钧、王统照的文章,一起寄给上海的沈雁冰。

革新后的《小说月报》第一期(第十二卷第一号)出刊了,卷首第一篇就是冰心女士的《笑》。

许地山在黄昏的微光中,对郑振铎谈着泰戈尔时说:"我在缅甸时,看到了泰戈尔的画像,又听人讲到他,就买了他的诗集来读。"

过了几天,郑振铎到许地山的宿舍里去,许地山说:"我拿一本泰戈尔的诗选送给你。"说着,他就到书架上去找那本诗集,郑振铎立在窗前,四周静悄悄的,只有水池喷泉潺潺的声音,郑振铎很寂静地在等候读那美丽的书。

过了一会儿，许地山从书架上取下很小的一本绿纸面的书来，递给郑振铎："这是一个日本人选的泰戈尔的诗，你先拿去看看。泰戈尔不多几时前曾到过日本。"

郑振铎在归途中，坐在车上，便借着新月与街灯的微光，约略翻阅了一下，他最喜欢的是那几首选自《新月集》的诗。夜里，在灯光下，又从头到尾读了一遍。

第二天，许地山一见到郑振铎，就问："你最喜欢哪几首？"

"《新月集》的几首。"郑振铎不假思索地回答。

隔了几天，许地山又拿了一本很美丽的书给郑振铎："这就是《新月集》。"

从此《新月集》便常常放在郑振铎的书架上，时时翻阅。

那天，许地山把自己译的《吉檀迦利》的几首诗给郑振铎，郑振铎一看，都是用古文译的，细读之后，含笑说："译得很好，但似乎太古奥了。"

"这一类的诗，应该用这个古奥的文体译。至于《新月集》却又须用新妍流露的文字译。我想译《吉檀迦利》，你为何不译《新月集》呢？"

于是二人相约，同时动手翻译这两部书。

郑振铎就把所译的《新月集》放在改革后的《小说月报》上发表。《新月集》像安徒生的童话那样，具有一种不可测的魔力，它把人们从怀疑贪婪的成人的世界，带到秀嫩天真的儿童的新月之国里去。

冰心读着《新月集》的《海边》：

小孩子们会集在这无边际的世界的海边。

无垠的天穹静止的临于头上，不息的海水在足下汹涌着。小孩子们会集在这无边无际的世界的海边，叫着跳着。他们拿沙来建筑房屋，拿空贝壳来做游戏。他们把落叶编成了船，微笑的把它们放到广大的深海上。小孩子们在这世界的海边，做他们的游戏。

泰戈尔热爱儿童，对儿童内心世界的深微的体验，对孩子特性的生动描绘，对儿童情趣的表现，对童真的赞颂，都使冰心发出由衷的赞叹。特别是儿童以一种特有的魅力，吸引着泰戈尔，激发了他的丰富的想象力，独特的创造力，给年轻的女作家深刻的启迪。冰心连续创作了几篇以赞颂儿童为主题的小说。

许地山以落华生为笔名，发表《命命鸟》《商人妇》《换巢鸾凤》《缀网劳蛛》《黄昏后》等小说。

1922 年 1 月开始，冰心在《晨报》副刊发表了小诗《繁星》《春水》，她的文名、诗名风靡一时，获得了文坛的好评。

许地山从燕京大学神学院毕业，获神学士学位，任燕京大学助教，成为冰心的老师，他喜欢冰心。许地山有时替周作人讲课，只以高班同学身份讲话，讲得很幽默，冰心听许地山的课时，课堂里总是笑声不断。

1923 年，冰心大学毕业，因为她成绩优秀，热心服务社会，获得金钥匙奖。同时获得美国威尔斯利女子大学的奖学金，赴美留学。

爱慕冰心的许地山也同船赴美。

2.太平洋舟中的阴差阳错

在人生的旅途中,有些偶遇,当时看着似乎很平常,结果却影响人的一生。

1923 年 8 月 17 日,冰心同许地山、陶玲等在上海登上开往美国的轮船。

出了吴淞口,祖国的海岸越来越模糊了,邮船“约克逊”号,满载着游子的离愁,迎着翻白的波涛,在太平洋上飘荡东去。许地山转了一圈后,回来报告似的说:“船上头等舱几乎都是中国乘客,看来多数是出去留学的,听他们说清华就有七十多人。”

“我们燕京才这么几个人,清华为什么那么多?”陶玲有口无心地问。

“人家清华,是用庚子赔款办的学校。”许地山说了这一句后,觉得言未尽意,就讲起了庚子赔款的事……

冰心素知许地山喜欢考证历史,听着他滔滔不绝地述说,心里也暗自佩服他的记性。

航行在辽阔的海洋上,邮船仿佛一叶扁舟,冰心倚栏望着浩渺的海天,心绪起伏。她想起临行前接到先期自费赴美留学的贝满女中同学吴搂梅的来信,提到弟弟吴卓是清华学校的应届毕业生,这次将和她同船出国,请她在轮船上找吴卓,并给予照顾等语。

燕京大学虽然已经男女合校,但是男校和女校是分开的。男女同学间的接触,都是要通过老师,这次在轮船上是第一次同男同学朝夕相处。冰心想直接到清华男同学的船舱去找有些不便，她只好向许地山求助。许地山去了以后，她就与陶玲一起去玩丢沙袋了。

许地山到清华留学生船舱找吴卓先生，也许是船上的同学没听清楚，就把吴文藻给喊出来了。吴文藻随着许地山来见冰心。

冰心正准备抛沙袋，听到许地山愉悦的声音："我把吴先生请来了!"冰心连忙放下手中的沙袋，缓缓迎了过来，只见站在她面前的青年，身材魁梧，像一棵茁壮的橡树，白皙的脸上，两道又粗又黑的眉毛，笔直地向上斜，临到末梢，又自然地弯了下来。高高的鼻梁上，架着一副玳瑁镶边的眼镜。两片厚嘴唇，嘴角微微往上翘起，形成小小而鲜明的窝，给他那表情单纯的面部，增添了些英俊的色调。因着是同学的弟弟，冰心便以大姐姐的亲切口气问："昨晚在轮船上休息得好吗?"

"顶好的，这一段海程很平静，几乎没什么感觉。"

"你姐姐来信说，你也乘这一班船出去，让我……"

吴文藻感到十分诧异。他想到远在江苏江阴的姐姐，贫寒的家庭无力供她读书，只念过小学，怎么结识这位燕京大学的留学生呢?暑假回家，也从未听她提起给燕大的朋友写过信。吴文藻讷讷地说："家姐文化低，不知她什么时候给你写了信?"

冰心也感到奇怪："我前几天刚接到她从美国寄来的信，说吴卓……"

吴文藻这才恍然大悟，只好直率地挑明："我不是吴卓，我叫吴文藻。"

冰心知道是许地山找错了人，实在太冒昧了，心里感到很抱歉。当然也不好意思马上让他走，便彼此沉默了一会儿。

热情的陶玲，为了打破僵局，便邀请吴文藻："吴先生，你跟我们一块抛沙袋玩吧。"

于是吴文藻和许地山一起参加进来。抛沙袋的游戏，要把参加者分成两拨，进行比赛。不知怎么搞的，吴文藻总是跟冰心分在一边，当时谁也没有注意到这个细节，只是欢快地丢着沙袋，说着、笑着……

玩了一阵子后，大家就倚在船栏上，看海闲谈。冰心问吴文藻："你这次去美国，进哪个学校？修习什么专业？"

"我们清华的高等科毕业，大约相当于美国大学的二年级。所以我先到达特默思学院，修习社会学。你准备修习什么？"

"我自然想学文学，准备选修一些英国19世纪诗人的功课。"

吴文藻想起不久前读过的几本评论拜伦和雪莱的书，就随口问她："有几本评论拜伦和雪莱的书，都是英美著名的评论家写的，你看过没有？有的写得很好的。"

冰心寻思着，只好坦然地回答："这几本书，我还没读过呢。"

爽直的吴文藻又进一步说："你学文学的，这些书你都没看！这次出去，要多读一些书，如果不趁在国外的时间，多看一些课外的书，那么这次到美国就算是白来了！"

冰心的心深深地被刺痛了，两颊泛起了红晕。"不多看一些书，这次到美国就算是白来了！"在这世界上活了二十多年，还从来没有人对自己说过这样的话！就连最严厉的老师也没有这样说过，心里难受极了。但她却强忍着眼泪，不让它涌出来。

冰心回到自己的舱房后，吴文藻的那几句话，总是在耳边回荡着。懊恼的心绪无法排遣。她前思后想，在学校时的同学、在轮船上经过介绍而认识的朋友对她说过的话，一股脑儿涌上心

1923年8月，冰心赴美留学，在"约克逊"号邮轮上

头："你是天才，你为我们女子争了光！""你是我们学校的骄傲！""久慕美名，认识你，真是三生有幸。""早就拜读了你的大作，钦佩，钦佩！""你的《繁星》《春水》写得好极了。"以及那繁多的"久仰、久仰"的客套。她细细地品味着，终于品出了这些话语的不同意味，有的是应酬的话，有的是客气的恭维的话，有的是顺口说出的，难免带有一定程度的夸张。而吴文藻在交谈过程中，根本没有提到看过自己的作品。第一次见面，就这样坦率地进言，相形之下，他不是一般的朋友，而是自己的第一个诤友、畏友。想到这里，冰心的心情平静下来了。

吴文藻的同学梁实秋也同轮赴美，冰心同他在甲板上不期而遇，旅途中，大家都是萍水相逢，经过许地山介绍，彼此相识了。梁实秋喜欢文学，7月7日曾写了一篇评论冰心的文章《〈繁星〉与〈春水〉》,发表在《创造周报》1923年7月29日第12号上,他认为:"冰心女士是一位天才的作家,但是她的天才似乎是限于小说一方面,她的小说时常像一块锦绣,上面缀满了斑斓的彩绘……充满了零星的诗意。"但是对冰心的诗,却作了尖刻的批评:"我从《繁星》与《春水》里认识的冰心女士,是一位冰冷到零度以下的女作家。"并且预言冰心"在诗的花园里恐怕难于长成葳蕤的花丛,难于结出硕大的果实"。

梁实秋同冰心很随便地寒暄了一阵,梁实秋问:"你到美国修习什么?"

"文学。"冰心淡淡地回答,接着她转问梁实秋,"你修习什么?"

"文学批评。"

冰心听后没有再说什么。

梁实秋觉得她不是一个令人容易亲近的人,冷冷的好像要拒人于千里之外,因而没有继续深谈下去,就分手了。

清华1923级的学生是校园里最活跃的分子之一。1920年11月,梁治华(实秋)、顾毓琇(一樵)等发起组织了校园里最早的文学社团之一——小说研究社,并曾编译出版过《短篇小说作法》等作品。其间,他们结识了比他们高两个年级的闻一多。转年,在闻一多的倡议和领导下,即以"小说研究社"为基础,组成"清华文学社"。

顾毓琇,江苏无锡人,也是文学社的成员,1921年开始在《小说月报》上发表评论,翻译小说、剧本。许地山介绍顾毓琇与冰心相识,顾毓琇在《小说月报》《晨报》副刊上读过冰心的作品,如今见到这位才华横溢的女子,竟如此庄淑、秀丽,眼前为之一亮。

邮船"约克逊"号在太平洋上破浪远航,充满青春活力的学生们对船舱里的生活难免感到过于单调。清华的顾毓琇、梁实秋都不晕船,就提议办一份文学性质的壁报,得到了同学们的赞同,于是《海啸》便应运而生了。

梁实秋看到冰心手里随时拿着纸和笔,在甲板上出出进进,不时地在纸本上写东西,便找个机会去向她约稿。他向冰心谈了办《海啸》的设想,请她为《海啸》撰稿。冰心欣然应允了。梁实秋认识冰心后,觉得自己写的那篇《〈繁星〉与〈春水〉》不大合适,就诚恳地说:"我写过一篇批评你的文章,应该向你道歉!"

"有什么可道歉的?对于文学创作,每个人都可以有自己的看法。别人怎么评我写的东西,我是不在意的……"

《海啸》的创办,激发了清华和燕京出国留学的青年的创作热情。海波的呼唤,活跃了创作的灵感。许地山写出了三篇短篇小说:《海世间》《海角的孤星》《醍醐天女》,还有一首长达50行的诗《女人我很爱你》。冰心写了《惆怅》《纸船》《乡愁》等诗。顾毓琇创作了短篇小说《别泪》,还翻译了一首诗《什么是爱》。梁实秋写的是新诗《海啸》《海岛梦》,还翻译了《约翰,我对不起你》《你说你爱》。

《海啸》每期出刊后,大家都围着看,冰心和陶玲也来了,前面有人朗读梁实秋试译的C.G.Rossetti的诗《约翰,我对不起你》。

朗诵的声音消失在海上,听众中发出了叹息:"唉,女人老是这样,要谈到爱情的时候,她就'对不起你'。"

旁边有人马上接过话茬:"你这话只对了一半,不单是女人老是'对不起你',男人也有'对不起你'的呢!"

大家都把目光转向这位清华的学生,他得意地说:"我们班就有个傻子,叫吴文藻的,有个女学生对他很好,一直在追他,这次出国之前，那个女学生还送他非常珍贵的礼物。而吴文藻却对人家说，‘我这一去，不知道什么时候才能回来，你不要等我。’你们说这个人傻不傻？”逗得大家都哧哧地笑起来。

冰心和陶玲因为同吴文藻有过一面之交，这件事就不像一般的笑话，听过后被海风一吹就飘散了，它却清晰地停留在记忆里。

一天餐后，冰心、陶玲、许地山等六位同桌吃饭的人，一起在甲板上拍照。冰心穿着一身浅蓝色的衣裙，在无垠的天际、碧波映衬下，显得格外清新、宁静。许地山在白色上衣外，罩上了一件式样别致的深色上装，欢愉地笑着。合影后，冰心和陶玲往舱房去，偶然遇到吴文藻，三个人彼此问好。性格开朗的陶玲就直言不讳地问吴文

青年时代的吴文藻

藻："吴先生，你看过《海啸》上 Rossetti 的那首诗吗？上头写的就是你。"吴文藻一时没有反应过来，疑惑地笑笑。陶玲又讲："他们说有个女孩子顶喜欢你，你却回绝了，有这回事吗？"

吴文藻毫无思想准备，怎么也没有想到陶玲会向自己提出这样的问题，他沉吟了一小会儿，就决定采取否认的态度，含糊其辞地答道："没有那回事。"

陶玲紧追不舍，又进一步问："如果没有的话，人家怎么把你作为笑柄呢？"

冰心好意地说："你就公开说根本没有那回事，人家也就不说了。"

吴文藻有点难为情，犹豫了一下，还是老老实实地叙述了自己的一段经历："那时学校放暑假，我乘火车回江苏江阴去，车到山东后，上来了一位女子。按我们清华的规矩是'Lady First（女士优先）'，我就给她让座，她很感激。在车厢里，旅客们随便闲谈，她问我从哪个站上的车，到哪里去？我一一回答后，她告诉我，她在山东女子师范教书，也回江阴度假。回到学校后，她觉得我这个人实在，很有礼貌，尊重女性，就给我写信。因为是小同乡，我也就回了信。后来她知道我要出国，就送了一枚领带上的别针，是心形的，背后有个'爱'字。我就对她说：'我这次出去，时间很长，不知道什么时候才能回来，你不要等我。'我是怕耽误了人家，才明确说出这一番话的。同学们说我真傻，应该先跟她交朋友，到国外可以再找，万一找不到，就做后备的。我觉得这样做不好，对不起人家。"

冰心听了吴文藻这一番真情的表述，深感吴文藻对待爱情婚姻问题很谨慎、很严肃，她情不自禁地脱口问了一句："那你为什么又否认这件事呢？"

吴文藻诚挚地说:“人家喜欢你,这种感情是很可贵的,怎么能把这种事拿来夸耀,抬高自己的身价呢?”这几句质朴的话语,像一阵清风,吹拂着冰心的心弦,使她对这位“诤友”又增添了几分敬重。

3.“到底哪一个是你的男朋友?”

清晨,冰心观赏着海上的日出、群飞的沙鸥。船抵美国的维多利亚,过了多日四周是海的舟船生活,重新看见了陆地,大家兴奋之情油然而生。这时摄影师登船,为中国留学生拍照……

快要登岸了,十多天来的“同舟共济”,旅伴们都有点恋恋不舍。这时,同轮的留学生们都拿出通讯录,记下彼此的地址,纷纷相约多通信联系。在众多新结识的友人中,冰心特别留心记下了吴文藻的通讯地址。

船徐徐靠岸,大家匆匆下船来。到扶桥边,冰心回望,见那邮轮凝默地泊在岸旁,她想到一百六十几个青年男女,从此都成了漂泊的浮萍,也是一番小小的酒阑人散!

没有料到,同船的中国留学生,又一起参加了几个欢迎会,游览了西雅图的湖山,直到9月3日的夜晚,才一起乘坐为中国留学生预备的专列,向芝加哥进发,车上没有一个外国人,处处都是乡音,冰心郁结的心顿时释然。

到达芝加哥后,一部分学生已到达目的地,一部分学生在此转车,许地山前往纽约,吴文藻赴北部的新罕布什尔州,冰心则登车向波士顿进发,这时真的是离群了,大家心中涌起了离别的伤感。

冰心 1923 年摄于美国

9 月 9 日,冰心到达美国文化中心波士顿。包贵思的父母亲到车站迎接冰心,她住进包贵思父母家——默特佛镇火药库街 46 号。包贵思一家的盛情接待,缓解了冰心旅居的愁思。

吴文藻到达美国的新罕布什尔州,进入有名的达特默思学院,给冰心写了一张明信片,表示问候,并问她到美国后生活习惯不习惯?威尔斯利女子大学的学习环境怎么样?

冰心刚到威尔斯利大学没几天,从美国许多大学发出的信函,纷纷送到她的手中。几乎都是这次同轮出国的友人寄来的,有的洋洋洒洒,写了好几页,介绍自己的家世;有的用华美的词句,描述在航程中,结识冰心女士的激动心情;有的倾诉早已仰慕冰心的美名,喜爱她的作品……在这许许多多的信函中,要数吴文藻的那张明信片最简约、最平淡、最一般化的了。对其他人,冰心在回信时,只用威尔斯利女子大学的风景明信片，写了几句应酬的话，对付过去。只有对吴文藻，冰心是很精心地写了一封回信。对这特殊的回信的用意，吴文藻无从得知。

同那些留美的中国学生相比，吴文藻的家世是清贫的。他的父亲吴焕若，童年失学，后来也没有正式念过什么书，连写一封简短的信都非常吃力。由于文化程度的限制，吴焕若没有谋到什么好职业，只在江苏省江阴县夏港镇上，同别人合伙开小米店。吴文藻1901年4月12日（农历二月二十四）诞生在这个小商人家里。他上面有两个姐姐，他是吴家的长子，五岁时，父亲便让第二个女儿陪他到乡下的一所蒙学堂读书，后升入江阴县城里的礼延学堂高小。由于学习成绩优异，吴文藻深得曹观来老师的赏识。毕业时，他考了第一名，获得“三优”奖。曹观来老师根据自己多年教学的经验，认为吴文藻素质较好，是个可以培育的人才，因而要吴文藻去报考北京的清华学校。发榜时，吴文藻考了备取第一。当时江苏省教育厅厅长罗某，让他的亲戚把吴文藻给挤下去了。在这无奈的情况下，曹观来老师建议吴文藻进入江苏公立南菁学校，并说：这所学校的前身是清光绪八年创办的南菁书院，后来成为江苏全省的最高学府和教育中心，十多年前就是中西兼习的高等学堂，开讲伦理、科学和外文……吴文藻遵从曹老师的意见进入南菁学校。

读完初中一年级，曹观来老师又对吴文藻说：“南菁的程度比清华学校低，你应该去考清华学校的插班生，清华学校是留美的预备学校，毕业后可以官费去美国留学。”

吴文藻听从曹观来老师的指点，就报考清华学校的插班生，没有想到，竟被录取了。

考取清华后，新的问题又来了。清华学校远在北京，路费家里实在无力支付。幸而江阴县城里的同宗吴漱英热心帮助，代他筹备了旅费，并且带他到了北京。这是1916年秋天的事。

清华学校的学制是八年。前三年是初中，后三年是高中，最后两年则相当于美国大学的二年级。吴文藻插入初中二年级，与顾毓琇、梁实秋、梁思成同班。这时清华刚创办不久，办学的方针、课程的设置、教学的方法、课外活动的安排，大多是仿效美国的学校。除国学课程国文、中国历史、中国地理外，基本上都是用美国的英文教材，教师也基本上都是留美人员和直接从美国聘来的外国人，吴文藻在清华勤奋刻苦读书，循规蹈矩地接受着学校的教育。

五四爱国运动的爆发，使吴文藻的思想受到很大的震动。他参加清华学生的游行活动。可是游行的队伍走到西直门时，城门却被守兵关上了，游行队伍进不了城，只得转到海淀一带游行。爱国运动促使他拿起笔，撰写一些爱国反帝的短文，促使他进一步接触新思想。他订了《新青年》《少年中国》《解放与改造》《醒狮》《新潮》《建设》《国闻周报》等许多杂志，阅读了不少孙中山、朱执信、廖仲恺、梁启超、陈独秀、李大钊、胡适的文章，并自此养成喜爱订阅杂志、购买新书的习惯。

吴文藻偏向于孙中山、朱执信、廖仲恺的观点，赞同胡适提倡的白话文，非常推崇梁启超的学术思想。他对罗素、杜威在北京的讲演也非常关心，认真阅读了报刊上连载的演讲内容，以及有关的书籍。

五四以后的新思潮，爱国反帝、民主、科学的思想，促使吴文藻对社会政治思想及其理论产生了很大的兴趣。

吴文藻带着实业救国、教育救国、学习西方、振兴中华的思想，选择学习社会科学和民族学理论。

在美国留学的吴文藻，只是一个普普通通的大学生，而冰心已成为誉满文坛的女作家。吴文藻因轮船上阴差阳错认识了冰心，出于礼节，写了一张问候的明信片，居然得到冰心的回信。吴文藻感到冰心的为人很周到，很细致，同其他的作家不同。

1923 年 11 月 26 日的夜晚，冰心突然吐血，被送进校园内小山上的圣卜生疗养院。

12 月 13 日，冰心原以为自己的病快好了，可以回学校继续上课了。哪里料到圣卜生疗养院的医生把她的肺支气管扩张误诊为肺结核，要她先休学半年。12 月 15 日，几位老师把她送到青山沙穰疗养院。冰心想到自己出国留学成了出国疗养，而这一生病还不知得休养多少时日，学习计划成了泡影，她心酸肠断，失望与悲哀交织心间。

圣诞节，在美国是盛大而隆重的节日。吴文藻利用假期从新罕布什尔州的汉诺威城赴纽约。途经波士顿，看望在波士顿的顾毓琇等清华同学时，大家说起冰心生病住院，于是相约利用假期到青山沙穰疗养院探望冰心。这给冰心带来了意外的惊喜，大家纷纷问冰心的病情是否日渐见好。

冰心平静地答："我到沙穰疗养院来的时候，已经没有什么大症候了，也就无所谓痊愈，现在只要慢慢地休息着。"

忠厚的吴文藻缓缓地劝她："你要听从医生的安排，好好地休养……"

清华的留学生又询及冰心如何打发时日。冰心说："天天山前山后，南北东西漫游，只要不误了三餐和试体温的时间，医生和看护都不会来拘管的，我一天一天地在林中游戏行走，有时经过林下冰湖，那是沙穰村中小朋友溜冰的场所，我走过时，他们往往停下来看

1923 年 12 月 20 日，冰心(右)在美国青山沙穰疗养院与前来探望的同学露丝(左)在病榻上合影

我，互相耳语，我也没在意。”冰心停顿了一下，自己也觉得好笑：“后来医生的甥女告诉我，沙穰的孩子传说，林中来了一个 Eskimo(爱斯基摩人)。问他们 Eskimo 是什么样子的？他们说，黑黑的头发，身上披着裘，总是在冰湖边上走来走去。”

说到这里，大家都笑了，有人逗乐说：“东方文明古国的千金小姐，一病变成北美森林中的蛮族……”

“Eskimo 黑发披裘，以雪为屋，过的是冰天雪地的生涯，我哪能像他们那样的勇敢？如果我真的是 Eskimo，那倒是一件可羡的事呢！”

一阵笑浪掠过后，吴文藻提出新的话题：“山上的疗养院里住有多少病人？”

“现在有二十多个，隔壁那个女孩子，卧病都已经四年半了，至今未见十分差减。再隔壁那个女孩子，正跟着我学中国文学。我第一天教她‘天’‘地’、‘人’三个字。她说：‘你们中国人太玄妙了，怎么初学就念这样高大的字，我们初学，只是‘猫’‘狗’这类。’她学得很快，口音顶清楚的，写的字也方正。你们这个年假都有什么打算？”

吴文藻和清华的几位同学，分别述说了自己的假期安排。又说了些国内的消息和留学生中的趣闻，这才告辞下山。

对一个病人来说，真诚的友情、深切的关爱，可以说是一剂灵丹妙药。冰心愁结的心思，得到了舒缓。

过了几天，1923 年底，正在哥伦比亚大学学习的许地山专程从纽约赶到波士顿，到麻省理工学院找顾毓琇，一起到青山沙穰疗养院探望病中的冰心。1924 年 1 月 1 日，顾毓琇陪同许地山来到青山。只见周围山上层层的松枝，载着白绒般厚厚的雪，沉沉下垂，不时地掉下一两片手掌大的雪块，无声地堆在雪地上。许地山想到冰心独自一人在这深山万静之中，该是一种什么样的心境！许地山关切地询问病情。对着多年来一直关心爱护自己的许地山，冰心说，现在没有什么大症候，只是学业全搁下了……说着心神黯然。许地山加以劝慰，接着又报告了燕京大学的一些趣事，燕大同学的新近情况，以及来自国内的一些消息。许地山至诚祷祝冰心早日康复，怀着恋恋的别情离开沙穰疗养院。

对于这次许地山从遥远的地方冒着风雪专程赶来探视，冰心深为感动，留下了永恒的记忆。

许地山探望后的第二天，冰心抒写了《倦旅》一诗：

灯已灭了，
残花只管散着余香。
欹枕处——
只一两声飞雨
打着窗户。
听得此事，
一切的心都淡了！

新月未落，
朝霞已生，
蒙蒙里——
一颗曙星
躲避天光似的
穿着乱云飞走。
好辛苦的路途啊！
看到此时
一切的心都淡了！

银海般的雪地，
怒潮般的山风——
这样的别离！

山外隆隆的车声，
不知又送谁人远去。
听到此时，
一切的心都淡了！

鼓励的信，
寄与了倦慵的人！
事违初意皆如此！
一书在手，
湖光睡去，
星辰渐生——
看到此时
一切的心都淡了！

1924年4月26日，许地山怀着挚爱的深情给冰心写信："自去年年底一别刹那间又是三四个月了。每见薄霙在叶便想到青山底湖冰早畔，你在新春的林山游憩的光景，想你今日已好多了。"①关切之情溢于字里行间。

1924年7月5日，冰心离开青山沙穰疗养院。不同国籍的病友们站立在疗养院门边，祝福冰心出院。冰心望着纷纷飞扬的白巾和依稀的泪眼，她叹道："人生奈何到处是离别？"

1924年，梁实秋提前完成了科罗拉多大学的课程，转到哈佛大

① 顾毓琇：《纪念许地山先生》，《许地山研究集》第5页，南京大学出版社，1989年5月版。

冰心(右)在疗养院与美国女伴(中)、疗养院管理员的女儿(左)合影

学研究生院,他与顾毓琇共同租住在剑桥的奥斯汀园。

冰心病愈返校后,到各地度假的留学生也相继回到波士顿。他们相约到威尔斯利来看望中国同学。冰心、谢文秋等几位女同学,就请他们到威尔斯利镇上的一家中国饭馆便餐,这个饭馆特别小,几乎被他们占满了,大家都感到别有一番滋味。

饭后,大家一起到慰冰湖上泛舟。他们谈论着这学期的课程,准备选修哪位教授的课,只是要学的知识太多了,时间安排不过来。有人提议说,我们每个人修习的专业都不相同,如果有个交流的机会,就可以学到更多的知识。又有人说,我们这种聚会的形式不就很好吗？另有人提出新的动议，要组织个团体才好，把这种聚会固定下来。大家商量了一阵，都同意团体的名称叫作"湖社"。隔几个礼拜聚一次，每回都有预先准备好的议题。

湖社并没有什么严密的组织，是个"聚则成形，散则成气"的团体，经常参加湖社聚会的有陈岱孙、梁实秋、顾一樵、瞿世英、曾昭抡、浦薛凤、石超涵和冰心等。

梁实秋逐渐觉得冰心不是恃才傲物的人，不过对人有几分矜持，至于她的胸襟之高超、感觉之敏锐、心情之细腻，均非一般人可企及。

美国的女学生，常常有男同学来访，男同学都是单独来找女同学。冰心的朋友一来就是一大堆，以至引起了舍监的注意。有一次，浦薛凤他们走了以后，闭璧楼的舍监就悄悄地问冰心："谢女士，到底哪一个是你的男朋友？"

冰心只好含笑回答说："哪个也不是！"

1924 年暑期，许地山从哥伦比亚大学毕业，获得文学硕士学位。9 月，转入英国牛津大学研究院，研究宗教史、印度哲学、梵文及民俗学等。许地山到牛津后，就积极联系，想方设法让冰心也转到牛津大学来。他为冰心申请到牛津大学的奖学金，写信约冰心，转到英国牛津大学读硕士。冰心经过考虑后，没有接受转学英国的建议，仍然留在美国威尔斯利女子大学研究院。

1925 年 1 月 1 日，许地山给冰心写信说："去年今日正是我末次到青山去看你的时候。一年的热情又在冷雨中默默地过去了。"

冰心非常明白，信中丰富的难以言说的含意。

4.情感交流的特使

远在新罕布什尔州的吴文藻，专心学习学校安排的基础课，攻读社会学的专业课，同时还选修旁系的课程。他勤奋学习，生活非常俭朴，把有限的公费生的钱省下来买书。在同冰心的交往中，由于自己的家境、社会地位等关系，他没有产生奢望和幻想。

自从到波士顿看望冰心后，他购买书籍的范围扩大了，除了社会学方面的书籍外，凡是有关文学的书，他逢到就买，买回来就自己先阅读。在阅读过程中，他认为比较重要的，就用红笔画上圈圈，再夹上一张小小的字条，然后精细地包好，寄给冰心。

冰心发现吴文藻寄来的书刊，最初只是夹着小字条，一次又一次邮寄，而字条一次比一次大，逐渐拓展为一张纸块，随后又变成了整张纸。在内容上，开初只是短短的句子，例如：

> 这是一本有智慧、有力量的好书。
>
> 读书，便是点燃火炬，每个字的每个音节都发射火星。
>
> 学习有如母亲一般的慈爱，她用纯洁和温柔的欢乐来哺育孩子。
>
> 才智只有通过知识和学问，才能付诸实现。人的理性有能力做到一切事情，但若没有勤奋不懈的实践，就一事无成。这种知识或者实践就是心灵的完美。

后来变成了短文，再后来就是厚厚的几页纸。

吴文藻在通信中，表现出来的纯朴、忠厚、机智、学识……产生了一种独特的魅力。

隐藏在女子心灵深处的情感，化成一股神奇的动力。在没有深交的人们眼里，冰心是个自负、矜持的女性。可是她一收到吴文藻邮寄来的有关文学的书，她就赶紧看，而且读得非常仔细、认真，就像看老师指定的参考书，看完后就写信，向吴文藻报告她读后的体会和心得，感谢他寄来这样的好书。这促使吴文藻买书更加积极，寄书更为频繁。书，成了他们交流情感的特使！

1925 年 1 月，留学美国的清华学校的校友在波士顿开会，决定成立大江学会，宣传国家主义，参加这次会议的有吴文藻、沈宗濂、吴景超、时昭瀛、梁实秋、浦薛凤、闻一多、潘光旦、罗隆基、顾一樵等二十九人。他们所学的专业是各不相同的，涵盖政治、经济、农业、社会学、心理学、文学、化学工程、土木工程、国际公法、财政、畜牧、银行、美术、工业管理、优生学、簿记、机械工程、电机工程。① 他们只凭着一片爱国之心，探寻救国的道路。闻一多的主张是："我国前途之危险不独政治、经济有被人征服之虑，且有文化被人征服之祸患。文化之征服甚于他方面之征服百千倍之。杜渐防微之责，舍我辈其谁堪任之！"②

为了宣传中华文化的国家主义，他们在纽约用英语演出了《唐明皇游月宫》，吸引了不少美国观众。波士顿的中国留学生看到演剧的宣传作用，也酝酿着在波士顿演一出中国的古典戏剧。商议

① 《大江季刊》第一卷第二期，1925 年 7 月 15 日上海泰东图书局出版。

② 《闻一多评传》第 59 页，北京大学出版社，1983 年版。

时，他们把冰心和威尔斯利的几位女同学也请来了。男同学中有人提出："我们最好演《西厢记》，它在国内流传最广，可以代表我们中华民族的文化。而且张生和崔莺莺的故事曲折，也很有趣，人物也都活泼，那些曲子也都写得富有诗意，美国人一定喜欢看。"

其他男同学几乎都表示赞同，议论又推进一步："张生、孙飞虎等男角，在男生中找，不成问题，但是女角必须由威尔斯利出……"

几位女同学心里都在盘算着，扮演老夫人和红娘都没什么，但是要演崔莺莺与张生互相恋慕，背着母亲，私订终身，虽说是假戏，但要演得逼真才行，这样的角色可不能演……

女同学面面相觑："谁扮崔莺莺？"然后说："我们不同意演《西厢记》。"女同学反对，男同学也就没主意了。

冰心利落地说："依我看，不如改演《琵琶记》。"大家又经过一番议论，男女同学一致同意了。

《琵琶记》原本有四十二出，叙述蔡邕与赵五娘新婚不久，在父亲的催促下，只得辞别年老的双亲与妻子上京应试。到京后，考中了状元。牛太师见他高才硕学，要把女儿嫁给他。他再三不肯，牛太师请皇上主婚，他只好勉强留在京师与牛小姐结婚。而赵五娘一人在家侍奉公公婆婆，由于家庭贫困，她自己靠强咽糠秕充饥。公婆死后，赵五娘剪下自己的头发变卖掩埋公婆。然后背着公婆的真容，带着一把琵琶，上京寻找蔡邕。赵五娘到牛府，见了牛小姐，被留在府中，她也终于知道丈夫没有回家的原因。蔡邕回府时，牛小姐告以一切，他才知道父母双亡，哭着与赵五娘相见，然后同返故里。原剧太长，而且剧中对话极典雅。大家议决由顾一樵改写成适合在美国演出的剧本，再由梁实秋译成英文。

剧本改译好后，由大家分担各项事务。梁实秋扮演蔡邕，谢文秋饰赵五娘，顾一樵饰宰相，邱女士演牛小姐。冰心的分工是准备、设计剧中女角的服装，这可是个难题，在美国要买中国古代的戏装根本不可能，就连中国式的花布也弄不到。为了搞好这次演出，冰心设法托人从纽约借来袍子，可是全是素色的，需要进行一番装饰，她买来金纸和银纸，按照剧中人物服装的要求，把金纸银纸剪成花，一朵朵地往衣服上贴，就这样把剧中女演员的服装准备齐全。

排练过程中，波士顿中国留学生的演剧活动又增添了新的力量，正在纽约艺术学院学习的清华留学生闻一多到波士顿来了，大家都非常高兴，就请他绘制布景，为演员化装。

《琵琶记》即将演出，扮演牛小姐的邱女士突然得了猩红热。要

冰心 1924 年在威尔斯利女子大学校园

临时换演员,冰心只得匆促上阵,背台词,体会剧中人物的身份和处境,逐步进入角色。

冰心在紧张的学习之余,时时有一种思念、渴望的情感涌上心头。恰巧波士顿的中国留学生决定演出《琵琶记》,冰心就给吴文藻写了一封信,邀请吴文藻到波士顿来看演出。为了表示诚意,还特地将观看《琵琶记》演出的入场券附在信内,给吴文藻寄去了。

吴文藻是个典型的书生,他接到冰心的来信,心里十分矛盾,他想去波士顿看演出,会会朋友,但是去一趟,看场演出,要花好几天的时间……于是他给冰心回了一封信,感谢她的盛情邀请,只是因为是大学阶段的最后一个学期了,要准备毕业论文。同时还选修了旁系的一些课程,功课实在太忙,这次不能来参加波士顿中国留学生的盛会,深感抱歉……信发出后,他心里感到懊恼,想着人家热情地邀请,自己却轻易谢绝了,这不是拂了年轻女子的美意?经过一番思索,吴文藻终于在《琵琶记》演出那天,赶到了波士顿。

1925 年 3 月 28 日,波士顿的中国留学生在美术剧院公演《琵琶记》,演员们把剧中的悲欢离合表演得极为动人。美国观众被舞台上富丽堂皇的布景和花团锦簇的服饰所吸引,对剧中所表现的中国古代生活,感到非常新鲜。

《琵琶记》演出后的第二天,冰心在波士顿附近包贵思的父母家休息。中国留学生相约着一起去冰心那里,在鱼贯而入的众人中,吴文藻走在最后边。冰心见到他时,意外地惊喜,并悄悄对他说:“上次你来看我,我很高兴。”说完她又忙着招待其他同学去了。这两句简短的话语,使吴文藻万分激动,终生难忘。

临时聚集在波士顿的中国留学生闻一多、浦薛凤、梁实秋、朱世明等,又到威尔斯利大学看望女同学。在同这些男同学谈笑时,冰心想起他们当中,有的曾给谢文秋写过信。谢文秋曾把那些情书给冰心看,冰心从中看出他们表达情感的不同方式,他们性格的差异。

这一群男同学走了后,谢文秋低声问冰心:“你看哪个好?”

冰心沉默未语。谢文秋又紧追着问:“你说朱世明怎么样?”

“朱世明不言不语,稳稳重重的……”

谢文秋搂着冰心的肩膀,含羞地笑着。

朱世明是美国陆军军官学校的学员。谢文秋对朱世明一往情深,但是朱世明远离威尔斯利,追求谢文秋的人又多,谢文秋请冰心单独同朱世明谈谈,将她的心意转告朱世明。

冰心受谢文秋的嘱托,写信约朱世明。朱世明利用假期,兴冲冲地来了。冰心平静地问:“听说你们军校的环境顶不错的!”

“西点建在哈得逊河谷风景区,人们都说像个公园似的,不像个军校,但是再好也赶不上你们威尔斯利那么美。”

冰心笑着说:“人杰地灵。我们威尔斯利的谢文秋,聪明、伶俐,心地又好,你们已经有了一定的了解……”

“我看有几个同学对她都很好,就怕她三心二意的……”

“文秋的心思我是了解的,她对你的态度是明确的,她的感情是专一的。”

梁实秋到美国后结识谢文秋。谢文秋容貌俏丽,富有风度。在演剧时,梁实秋同她分别饰演《琵琶记》中的男女主角,从排练和日常接触中,机敏的冰心发觉梁实秋很喜欢谢文秋。但冰心同朱世明谈过后,谢文秋同朱世明的关系又进了一步,不久两个人便订了婚,并在留学生中公开了。冰心调侃梁实秋:

朱门一入深似海,

从此秋郎是路人。

中国留学生在波士顿演出《琵琶记》的信息，很快传到了英国，正在牛津大学读学位的许地山立即写信，祝贺他们演出成功。顾一樵把许地山的来信给冰心看，当冰心读到“实秋真有福，先在舞台上做了娇婿”时，她十分明白，许地山的这两句话里隐含着多少情和意。冰心对此却未置一词，只以微笑，把一切都隐藏在心底，就连许地山在牛津大学为她申请奖学金，写信约她转到牛津大学去读硕士等，她也从来没有对别的同学说起。

许地山在英国留学时的照片，有一幅朦胧烟水的海岸风景，许地山在相册黑色的贴照片的页上，用白色墨水写着：

彼岸是睡的自然，
此岸是醒的时间。

5.泉声与亲昵的细语交响

美国的大学研究院要求学生除本国语言外，要掌握两门外语，才能取得硕士学位。冰心在国内时，曾念过一年法语，为了通过第二门外语，她利用暑假到康奈尔大学暑期学校补习法语。

1925 年 6 月 18 日，这是一个微阴的早晨，冰心匆匆地将房间里的几盆花搬到楼外，将她喜爱的花移栽在树荫底下，默默地拜托自然的风雨替她守护着案旁伴读的花儿，便应美国同学之邀，乘火车到银湾去。

冰心在同学陪同下，到乔治湖上泛舟，她望着两岸青山，层层叠翠，小岛上丛立的树林，仿佛绿意能将倦人唤醒。晨起，她到银湾的河亭上。亭建在湖岸远伸处，三面环水，冰心坐在亭上读诗，水声和着诗韵，她如醉如迷。山雨欲来，她在亭中看湖上漫漫飞卷的白云。雨过天晴，湖净如镜，山青如洗。她纵目观看云隙中霞光灿然四射，穿入水里，天光水影，融化在彩虹里，心里寻思着如何描绘这奇丽的光景。

6 月 26 日，冰心在湖边偶然想起，如果驾一叶之扁舟，任其漂

1925 年夏，冰心在美国康奈尔大学日晷旁

流,自己在舟上写作,别有一番诗意。她果真独自泛舟到对岸,在船上写了几行诗。返程时,湖上风起,竟将她写好的一张纸,吹到湖中。她望着自己的诗篇随着浪潮上下漂浮,倒觉得顶得意的。

在银湾游览了十日,冰心转到绮色佳的康奈尔大学。当她到法语补习班时,发现吴文藻已先期到达了。她惊喜地问:“你怎么也来了?”

“我在达特默思学院的学业已经结束,暑假后就开始读硕士学位,需要学第二外国语,所以就先补习法文。”

冰心会心地笑笑,吴文藻赶紧帮她购买各种生活用品。

绮色佳是个风景优美的小镇,虽然没有什么特殊的名胜古迹,但有山有泉,草木丰茂,水声悦耳。原来在康奈尔大学读书的中国留学生,都到别的地方度假去了,这里只有冰心和吴文藻两个中国学生。课余他们一起领略绮色佳的山光水色,一起在林中漫步。

她走在美的光彩中,像夜晚
皎洁无云而且繁星满天;
明与暗的最美妙的色泽
在她的仪容和秋波里呈现;
耀目的白天只嫌光太强,
它比那光亮柔和而幽暗。

增加或减少一分明与暗
就会损害这难言的美,
美波动在她乌黑的发上,
或者散布淡淡的光辉。

在那脸庞，恬静的思绪
指明它的来处纯洁而珍贵。

呵，那额际，那鲜艳的面颊，
如此温和，平静，而又脉脉含情，
那迷人的微笑，那容颜的光彩，
都在说明一个善良的生命；
她的头脑安于世间的一切，
她的心充溢着真纯的爱情。

在崎岖的山路上攀登；在溪涧旁仰望两壁悬崖；在曲径间盘桓，欢乐的泉声与亲昵的细语交响着。冰心情不自禁地赞道："绮色佳真美！"

"我刚到美国时，就听说康奈尔的景物在美国各大学中是首屈一指的，这次算是亲历其境了。"吴文藻附和道。

"我在海滨度过童年时代，威尔斯利又在湖畔。可是，与泉相近，还是生平第一次，感到特别新鲜。"

"泉水能活泼人的思想。"

"听着泉声，常常想起'百感都随流水去，一身还被浮名束'……"

"你看，这泉水和层岩拍出来一定很好，给你照一张怎么样？"吴文藻有所发现似的，欣悦地提议。

冰心从吴文藻手里接过照相机，对着镜头看看，觉得满意："我先给你照一张吧！"

吴文藻扶着冰心曲折跃下岩层，那岩石一层层，仿佛梯田一般。

1925 年夏，冰心在美国绮色佳墓园

来到泉水边，冰心坐在岩层上，注视着清澈的泉水，若有所思，笑着对吴文藻说："坐在泉水旁读书，会心处，悦意处，不是人世语言所能传达的……"

吴文藻又往下走了好多层，为冰心拍了一张照片，把整个岩层作为背景，泉水的一角也摄入镜头。

两颗相爱的心灵，有一种自然的交流。冰心和吴文藻喜欢到幽静的地方，绮色佳有四五处墓园，也成了他们漫游的去处。冰心认为，绿荫笼罩下的墓园，深沉幽邃，具有哲学的意味，她抚着碑碣，摘去残花，这时吴文藻就将她那慢婉的动作，庄肃的神情，摄入镜头。每拍完一卷胶卷，吴文藻就取出来，送到照相馆去冲洗。吴文藻从照相馆回来,冰心便问他:“单子呢?”

“我已经收好了,到时间我就去取。”

“还是让我来保存吧。取的时候再给你好了。”

冰心把取相片的单子要去后,但到取相片的日期,她怕吴文藻悄悄留下她的相片,总是要跟吴文藻一起去取。吴文藻苦笑着:“你何必跑这一趟呢?你急着要看,我取了后,马上就给你送来,还不行吗?”

冰心坚持要亲自去取,取回来后,共同展看:康奈尔农业馆这张不错,日光仪这张更好……吴文藻从心底发出了得意的笑。

> 笑声给生活带来了甜美,
> 使它像玫瑰园中的花儿一样芬芳。

他向冰心要几张相片,可是冰心连一张也不肯给,而且连底版也赶忙收起来了。

冰心在以层岩为背景的照片背后题写了:

> 岩壑寓耳目,
> 欢爱隔音容。
>
> 呈最爱的双亲大人

吴文藻看后,心想她置身于岩泉之中,依然思念着恩慈的双亲,对父母的孝心使吴文藻深深感受她心灵的脉动,同时也感到很得意,毕竟他为她拍下了照片,让她喜欢,寄回给万里之外的双亲。吴文藻深深感到冰心是心地单纯的人,心地善良,性格热情,她是真正的完美的对象。

晚上,冰心和吴文藻从图书馆出来,尽管这时已是夜凉如水,他们还是坐在石阶上,低声倾吐互相仰慕的衷曲。

此时此刻英国诗人塞维尔斯特的诗《爱无所不在》,表达了他们的心境。

假若我像卑微的平原一样的低贱,
而你,我的爱,高贵如头顶的蓝天,
那么我,你恭顺的情人会让爱飞向你,
表达他对你的满腔爱恋。

假如我像平原上的天空一样高贵,
而你,我的爱,如海底般
地位低下,出身贫贱,
无论你在哪里,我的爱将追随你身边。

假若你是大地,而我是苍天,
我的爱会像太阳,给你灿烂,
用成千上万的眼睛凝视你
直到苍天瞎眼,海枯石烂。

不论我在哪里,无论高贵还是卑贱,
不论你在哪里,我真诚地把你爱恋。

天上的繁星眨着眼睛,夜空的皓月,闪耀着圣洁的光辉。

1925年夏,冰心在美国绮色佳泉边

刻尤佳湖是绮色佳的一个大湖,冰心和吴文藻常到湖上泛舟。船到湖心,冰心联想起李清照的一首词:“常记溪亭日暮,沉醉不知归路,兴尽晚回舟,误入藕花深处。争渡,争渡,惊起一滩鸥鹭。”她想象着小舟误入藕花深处,人在花丛中,将是一幅多么美妙的景象……

爱情的脚步,是任何力量也阻挡不住的!

小舟在轻柔的湖波上荡漾,吴文藻的思绪却是急剧地翻滚着,罗素的一段话突然涌现在心头:

> 生活不应该过于拘泥,过于刻板;我们的冲动在不给别人造成肯定的破坏或伤害的情况下,只要有可能就要任其自由发挥,应该有从事冒险的余地。

吴文藻终于鼓足了勇气,郑重地说:“我想问你一句话,这句话在我心里反复思索了无数遍了……”

冰心望着吴文藻那股庄重、诚挚的神情,含笑微微地点了点头。

“我们可不可以最亲密地生活在一起?”吴文藻似乎是用全身的力气说出了这句简短的话。

冰心吓唬说:“我是说死就死的人,你何必找一个不能‘白头偕老’的伙伴!”

吴文藻坚定地说:“做你的终身伴侣,是我最大的心愿!无论如何,我认命了……”

冰心默然。吴文藻停顿片时,让自己的心情略为平静些,接着又说:“当然,你不一定立即回答,请你考虑一下,我们的生活,能不能融洽?”

吴文藻坦诚地吐露了自己的心愿,冰心立时脸涨得绯红,很不好意思地低着头,一句话也没有说。回到宿舍后,夜不能寐,她长久地思索着。

吴家与谢家的门第是否相当?名位的高低……这一切都不在冰心考虑之列。她思索的是吴文藻的性格与自己不同,家庭生活能否和谐?可是转念一想性格不同,反而可以相辅相成……其实,冰心的心中,对这个质朴、憨厚的青年早已蕴藏着深深的爱。在绮色佳的相处中,进一步感到吴文藻是一个慷慨施予的人,有勇气的人,聪明的人,这样的人将来会做出一番事业,会取得很大的成就。

第二天,冰心和吴文藻又到深涧旁的林中漫步,轻风拂面,花草飘送着阵阵清香。吴文藻关切地说:“看你的眼睛,就知道你昨天晚上没有睡好……”

“我思索了一夜,我自己没有意见。但是我不能最后决定。要得到我父母的同意，才能最后定下来……”吴文藻喜不自胜，两眼放射着喜乐的光彩，默诵着“没有意见”四个字，这含蓄的应许，把两颗年轻的心连在一起。

呵，被人爱，多么幸福！
天呵，有所爱，多么幸福！

一天，吴文藻兴奋地对冰心说：“梁思成就要到绮色佳来了。我在清华时和他是同班同寝室的同学。”

“怎么前年同轮出国的清华同学中，没听说过他？”

“他是梁启超先生的儿子，他学会了开车，一次因撞车受了伤，所以比我们晚一年才出国。在清华时，他常邀我到他家去玩，有时就住在他家里，还曾带我去进见梁先生。后来梁先生到清华来讲授《先秦政治思想史》，我们都听了他的课，这门课是我初次接触先秦诸子百家，受到了很大的启发。”

接着，吴文藻又想起来补充说：“这次林小姐还同他一起来。”

“林小姐？”冰心以询问的口气说道。

“呵，就是曾经担任司法总长的林长民的千金林徽因呀。梁思成受伤住在协和医院时，我去看他，恰好林小姐也在医院里……”

“我晓得了。去年印度诗人泰戈尔访华，文学界开欢迎会，泰戈尔发表演说，就是她担任翻译的。我还在《晨报》上看到北京演泰戈尔的《齐德拉》，林徽因饰齐德拉公主，张歆海演王子阿朱那，徐志摩扮演爱神玛达那，林长民饰春神伐森塔。还有什么父女合演，盛况空前。”

梁思成和林徽因到绮色佳后，原来在康奈尔读书的清华同学也

1925年夏，冰心在美国康奈尔大学农业馆

相继回校来了。吴文藻就邀约梁思成和其他清华同学一起游览绮色佳，一起到湖上泛舟。冰心初次见到林徽因，她的俏美灵秀给冰心留下了深刻的印象。

法文补习班快结束了，吴文藻同梁思成约好到餐馆吃饭。冰心、吴文藻和清华的同学都先到了，只见梁思成一个人匆匆地跑了上来，吴文藻等人齐声问："小姐呢？"

"还在车上呢！"

吴文藻和清华同学赶紧下去请林徽因。林徽因上来后，就娇羞地挨着冰心坐了下来。餐桌上,大家又天南地北地谈了起来。

法文补习班的结业考试顺利通过了。吴文藻怀着依依不舍的心情,奔赴哥伦比亚大学研究院。冰心应美国同学的邀请,同王国秀一起,到纽约州的尼亚加拉河畔,住在同学家里,受到了同学父母的盛情款待。

8 月 28 日,冰心和王国秀在美国同学陪同下,游览了尼亚加拉大瀑布。

闻一多对大江学会的活动十分热心,他关注年会的筹备工作,也关心学会的组织发展。他很希望冰心能加入这个团体,特地给在波士顿的梁实秋、顾一樵写信:“大江前途之发展,有赖于本年中之活动者甚多。本年东部年会中之活动不但可以宣传国家主义,而且可以宣传‘大江学会’,大概添加会员,在年会前,很有限。年会中‘大江’政策若能实现,定有同志们愿来参加我们的阵列。然后会员增加了,声势浩大了,‘大江’的根基更稳固了。”“请冰心当女代表想无不可。这种反正是出风头的事。至于加入‘大江’事,只好等年会后再讲。上次我同她谈话,我猜她的意思,颇表示对于‘大江’事业的同情。请一樵有机会多和她谈谈‘大江’。”①

冰心出于爱国主义思想,对“大江学会”宣传国家主义、中华民族的古代文化、反对帝国主义侵略是赞同的。但是,对“大江学会”的宣传,从文化转向政治,她就没有多大兴趣了。不过在纽约的“大江学会”同人共同决定筹备会刊《大江季刊》,闻一多亲自拟定了四期约稿目录,其中有鲁迅、郁达夫、冰心的短篇小说,郭沫若和闻一

① 《闻一多全集》(三)第 619 页,三联书店版。

多的诗,熊佛西和余上沅的戏剧创作和戏剧研究,梁思成和杨廷宝的中外建筑,梁实秋和潘光旦的评论等。冰心也答应为会刊撰稿,并且决定赴雪拉鸠斯参加美东学生年会。

9月2日,雪拉鸠斯下着蒙蒙细雨,冰心到达时,哈佛大学、麻省理工学院的留学生都已经先到了,陈岱孙、梁实秋、顾一樵、沈宗濂、曾昭抡、闻一多、潘光旦、时昭瀛、瞿世英相继来看望她。在年会上,罗隆基做了讲演,大力鼓吹国家主义。

在年会期间,冰心除了参加全体会议外,还同王国秀、谢文秋等几位女友同去参加游艺活动。在中国学生中间,她度过了欢乐而忙碌的十天。

1925年的暑期,是充满着青春欢乐的假期,是最甜美的岁月。冰心回到威尔斯利女子大学后,整理衣物时,取出吴文藻送给她的礼物:一支"理想"牌的钢笔和一大盒印着谢婉莹三个字的第一个字母的信纸,轻轻抚摸,这才品味出吴文藻送她这份礼物的含意。心想,真是够难为他的,费了这一番苦心。因为在这之前,吴文藻曾经送给冰心一些纪念品、工艺品、装饰品,冰心全都不要,只有这一次的钢笔和信纸,冰心接受了。

6.雪地上纵横写遍了相思

吴文藻到哥伦比亚大学后,几乎是天天给冰心写信。当时美国的邮局星期天不送平信,每逢礼拜日,吴文藻就寄快递。12月12日,冰心从晚邮中收到吴文藻的一封信,信中充满着思念之情,冰心反复读着，心里怎么也平静不下来。晚上，冰心在孤寂的宿舍里，捧着书本，却怎么也念不下去。于是，她就披上大衣走下楼，想去图书馆人多的地方，调节心境。她低首走着，却看到雪地上写满了“相思”两个字。她到图书馆后，依然无法集中心志读书，却写出了一首诗《相思》：

躲开相思，
披上裘儿
走出灯明人静的屋子。

小径里明月相窥，
枯枝——
在雪地上
又纵横的写遍了相思。

吴文藻频频来信，那相同的信封、同样的发信地址，引起了闭壁楼舍监和同学们的注意，大家从每天的来信中看出冰心的男朋友在哥伦比亚大学。在威尔斯利的一位中国女学生，出于好意，就来找冰心试探说：“你真的跟吴文藻好？”

冰心白净的脸上，掠过一片淡淡的红霞，她略略低头，笑而不答。

同学见她的神情，又没有矢口否认，就进一步劝她：“听说在北京的时候，许多名人托人向你求婚，你都拒绝了。多少有才华的诗人、作家给你写情书，你连看都不看。现在那么多人追求你，吴文藻只不过是一个普通的大学生，既没有什么社会地位，家道也不富有。

1925 年 5 月 10 日,冰心在威尔斯利大学的草坪上留影

而你自己都这么出名了,你为什么要他?”

这位女同学坦率的话语,振动了冰心的心弦,“为什么要他?”这个问题的确没有自问过。她同吴文藻萍水相逢,在相处中,他既没有恭维的话,也没有洋溢着诗意的爱情的倾吐。在目前的追求者中,有仪表堂堂的美男子,有才华横溢的作家,有学识渊博的名人……而吴文藻是她的第一个诤友,是书缩短了他们之间的距离,是书搭起了爱的桥梁。想到这里,冰心被一种纯真、高洁的情感所激荡,她脱口而出:“为什么要出名的? 我就怕出名的!”

说完,她搂着那位女同学,伏在她的肩上,嘿嘿地笑着。

哥伦比亚大学始建于1754年,是美国著名的高等院校,坐落在纽约的曼哈顿区。王国秀从威尔斯利女子大学毕业后,进入哥伦比亚研究院攻读历史。寒假将临,她写信约冰心到纽约度假。

冰心乘车抵达纽约时,吴文藻跟王国秀一起到车站来迎接。尽管吴文藻也是哥伦比亚的硕士生,但他的宿舍是不能接待女友的。他只能怀着歉疚的心情,把冰心送到王国秀的住处。

王国秀与冰心是同窗挚友,情同姐妹。经过一段时间的分别,更有说不完的知心话。而吴文藻对冰心的爱慕之情,促使他天天都到王国秀这里来,约冰心出去。

吴文藻知道冰心爱海,就提议先去观看自由女神像,当高高地站立在水天之间的巨型铜像映入他们眼帘的时候,王国秀便对冰心说:"这位女神在这里已经站了四十年了。据说是一位非常有名的艺术家设计的,从设计到完成,花了整整十年的工夫……"

自由女神气宇轩昂,右臂高举着火炬,左臂抱着一本书,巍然耸立在水天之间……冰心的思绪瞬即转到吴淞口,那里没有自由女神,有的是列强军舰高高的桅杆,飘着形形色色的旗帜。

在纽约,冰心同吴文藻、王国秀和其他中国留学生一起观赏莎士比亚名剧的演出。为了节省,他们买的是座位后面的站票,站得时间长了,冰心就靠在柱子上。尽管站得很累,她仍然聚精会神地看着。她把在课堂上老师所讲的、剧本中读到的同舞台上的表演结合起来,加深了对莎士比亚戏剧的理解,对她日后讲授西洋戏剧课程,起到了辅助作用。

哥伦比亚的中国留学生,还有在纽约的其他中国学生,多次相约来看望冰心。吴文藻除了休息时间外,几乎都是追随冰心左右,弄得王国秀同冰心单独相处的时间被挤得几乎没有了。王国秀诙谐地说:“她是我的客人,你们不能占她过多的时间!”

“此言差矣。她主要是吴先生的客人,也是我们大家的客人。”一位男同学不同意王国秀的说法。

王国秀寻思如何反击,而冰心却含笑用手搂住王国秀。

冰心到威尔斯利大学研究院后,学校就安排了英国文学教授罗拉·希伯·露密斯博士做她的导师。她对中国留学生很友好,但也很严格,一开始就要求冰心先学好基础课。

冰心病愈后,回到威尔斯利大学,安顿好行囊后就去拜访导师露密斯教授,导师很客气地请她在客厅就座。

1925 年 10 月 9 日,冰心在美国威尔斯利女子大学的娜安辟迦楼旁留影

露密斯教授详细地问了她的身体状况，然后让她有计划地把养病期间缺的课补上。

冰心根据导师的要求，从此投入了紧张的课务。她在给小朋友的通信中，描述这一阶段的生活“如同缓流的水，无有声响；又如同带上衔勒的小马，负重的、目不旁视的走向前途”。

过了一段时间，露密斯教授约冰心作课外谈话，问她有关19世纪英国诗歌的一些问题，她把吴文藻陆续寄来的书中提供的资料和各种不同的论点，加上自己的看法，作了概括的论述。导师十分满意，但又感到奇怪的是，冰心谈到的一些书籍，多是新近才出版的，不在导师指定的参考书之内，便问冰心：“你这学期阅读了哪些书？”

冰心把吴文藻购买的新书一一举出。导师惊奇地说：“你课外阅读了这么多书，是谁给你的帮助？”

“是我的一位中国朋友。”冰心自豪地回答。

“你的这位朋友是个很好的学者！”听着导师的称赞，冰心心里有无限的欢愉。暗想，他只不过是个大学生，却被教授认为是个很好的学者！

当冰心通过硕士论文的答辩，学业即将完成的时候，突然收到一笔巨额汇款，原来是燕京大学寄给她的回国路费。她内心油然升起幸运、自豪的情感，同时也杂糅着对燕京大学校长司徒雷登的感激之情。

司徒雷登在选用燕京大学的教师时，尽量聘请燕京大学的毕业生，到国外获得高级学位之后再回校参加工作。他认为：“对一所为了特定目的而由外国人创办的，而且在不失其明显特征的同时正在逐渐中国化的学校来说，再没有比留用本校的学生去实现这一转变更好的办法了。”为了罗致忠诚的人士，司徒雷登经常回到美国去，除了参见美国总统，结识美国的百万富翁，探亲访友外，就到各个大学里招聘燕京大学的留美学生。

正当冰心卧病异国，像离群之雁似的困在青山沙穰疗养院时，司徒雷登翩然而来。他以恳切的声调对冰心说：“你是燕京大学培养出来的，成为中国文坛上影响极大的女作家。你是我们燕京大学的骄傲，我们燕京的光荣！你是燕京第一个获得金钥匙奖的女学生，又是燕京送你到威尔斯利来留学。你毕业后，就回燕京大学来教书吧，用你的智慧和才能，为母校服务。”

当时冰心由于出国后，只上了一个多月的课就病了，而且离毕业的时间还很长，她根本还没有考虑到这个问题，而眼下司徒校长提出的，涉及今后工作的大问题，关系到一生的道路。这件事太突然了，来不及思考和商量。司徒雷登看她有点迟疑，就进一步说：“我是美国人，但也是中国人，我要把我的一生贡献在发展中美友谊事业上。我要同中国朋友携起手来，建设一个真正自由平等的基督教教育机关。我需要你的合作！”司徒雷登说得那样真诚，冰心不由得联想到在燕京大学时，同学们都认为司徒雷登是个开明的外国校长，他总是那么和蔼，那么慈祥。他总是同情学生的爱国运动，他不主张强迫的宗教仪式，同学们都很自然地和他亲近……

冰心在司徒雷登敦劝下，答应回国后就到燕京大学任教。

可是冰心没有估计到事隔三年司徒雷登竟让燕京大学提前汇来了路费。她把这个消息告诉了吴文藻，并且预订了回国的头等舱的船票。

为了让冰心在旅途中有个照应，吴文藻约好友潘光旦与冰心同轮回国。

吴文藻特地赶到波士顿来为冰心送行。由于他们的婚事要得到冰心父母的同意，才能最后定下来，吴文藻经反复思考，精心构思，写了一封长长的求婚书，写好后，经过冰心的润色，最后才用洁白的厚纸工工整整地抄了一遍，让冰心带回北京：

谢先生、太太：

请千万恕我用语体文来写这封求婚书，因为我深觉得语体文比文言文表情达意，特别见得真诚和明了。但是，这里所谓的真诚和明了，毕竟是有限的，因为人造的文字，往往容易将神秘的情操和理性的想象埋没掉。求婚乃求爱的终极。爱的本质是不可思议的，超于理性之外的。先贤说得好："道可道，非常道。名可名，非常名。"我们也可以说，爱是一种"常道"或是一种"常名"。换言之，爱是一种不可思议的"常道"，故不可道；爱又是超于理性之外的"常名"，故不可名。我现在要道不可道的常道，名不可名的常名，这其间的困难，不言自明。喜幸令爱与我相处有素，深知我的真心情，可以代达一切，追补我文字上的挂漏处。

令爱是一位新思想旧道德兼备的完人。她的恋爱和婚姻观，是藻所绝对表同情的。她以为恋爱犹之宗教，一般的圣洁，一般的庄严，一般的是个人的。智识阶级的爱是人格的爱：人格的爱，端赖乎理智。爱——真挚的和专一的爱——是婚姻的唯一条件。为爱而婚，即为人格而婚。为人格而婚时，即是理智。这是何等的卓识！我常觉得一个人，要是思想很彻底，感情很浓密，意志很坚强，爱情很专一，不轻易的爱一个人，如果爱了一个人，即永久不改变，这种人的爱，可称为不朽的爱了。

爱是人格不朽生命永延的源泉,亦即是自我扩充人格发展的原动力。不朽是宗教的精神。留芳遗爱,人格不朽,即是一种宗教。爱的宗教,何等圣洁!何等庄严!人世间除爱的宗教外,还有什么更崇高的宗教?

令爱除了有这样彻底的新思想外,还兼擅吾国固有的道德的特长。这种才德结合,是不世出的。这正是我起虔敬和崇拜的地方。她虽深信恋爱是个人的自由,却不肯贸然独断独行,而轻忽父母的意志。她这般深谋远虑,承欢父母,人格活跃,感化及我,藻虽德薄能鲜,求善之心,哪能不油然而生?她这般饮水思源,孝顺父母,人格的美,尽于此矣,我怎能不心诚悦服,益发加倍的敬爱!

我对于令爱这种主张,除了感情上的叹服以外,还深信她有理论上的根据。我们留学生总算是智识阶级中人,生在这个过渡时代的中国,要想图谋祖国社会的改良,首当以身作则,一举一动,合于礼仪。家庭是社会的根本,婚姻改良是家庭改良的先决问题。我现在正遇到这个切身问题,希望自己能够依照着一个健全而美满的伦理标准,以解决我的终身大事。我自然更希望这个伦理标准,能够扩大它的应用范围。令爱主张自己选择,而以最后请求父母俯允为正式解决,我认为这是最健全而圆满的改良南针,亦即是谋新旧调和最妥善的办法。这就是我向二位长者写这封求婚书的理由。

我自知德薄能鲜,原不该钟情于令爱。可是爱美是人之常情。我心眼的视线,早已被她的人格的美所吸引。我激发的心灵,早已向她的精神的美求寄托。我毕竟超脱了暗受天公驱使而不由自主的境地,壮着胆竖立求爱的意志,闯进求爱的宫门。

我由敬佩而恋慕,由恋慕而挚爱,由挚爱而求婚,这其间却是满蕴着真诚。我觉得我们双方真挚的爱情,的确完全基于诚之一字上。我们的结合,是一种心理的结合。令爱的崇高而带诗意的宗教观,和我的伦理的唯心观,有共同的思想基础和共同的情感基础。我们所以于无形中受造物的支配,而双方爱情日益浓密,了解日益进深。我想我这种心态是健全的,而且稳重的。我誓愿为她努力向上,牺牲一切,而后始敢将不才的我,贡献于二位长者之前,恳乞您们的垂纳!我深知道这是个最重大的祈求;在您们方面,金言一诺,又是个最重大的责任!但是当我作这个祈求时,我也未尝不自觉前途责任的重大。我的挚爱的心,早已蕴藏了感恩的心理。记得当我未钟情于令爱以前,我无时不感念着父母栽培之恩,而想何以实现忠于国孝于亲的道理。自我钟情于令爱以后,我又无时不沉思默想,思天赐之厚,想令爱之恩,因而勉励自己,力求人格的完成,督察自己,永保爱情的专一。前之显亲扬名,后之流芳遗爱,这自命的双重负担,固未尝一刻去诸怀。

我写到这里,忽而想起令爱常和我谈起的一件事。她告诉我二位长者间挚爱的密度,是五十余年来如一日。这是何等的伟大!我深信人世间的富贵功名,都是痛苦的来源;只有家庭和睦,是真正的快乐。像您们那样的安居乐业,才是领略人生滋味,了解人生真义。家庭是社会的雏形,也是一切高尚思想的发育地和纯洁情感的养成所。社会上一般人,大都以利害为结合,少有拣选的同情心。我们倘使建设一个美满愉快的家庭,决不是单求一己的快乐而已,还要扩大我们的同情圈,做到"亲亲而仁民,仁民而爱物"的真义。我固知道在这万恶的社会里,欲立时实现我们的理想,决不是一件容易事。可是我并不以感到和恶环境奋斗的困难,而觉得心灰意懒。我深信社会上只要有一二位仁人君子的热心毅力,世道人心,即有转移的机会和向上的可能。我质直无饰地希望令爱能够和我协力同心,在今后五十年中国时局的紧要关键上,极尽我们的绵薄。“舜何人也,予何人也,有为者亦若是!”总之,恋爱的最终目的,决不在追寻刹那间的快乐,而在善用这支生力军,谋自我的扩充,求人格的完成。婚姻的最终目的,亦决不在贪图一辈子的幸福,而在抬高生活的水平线,作立德立功立言等等垂世不朽的事业。天赋我以美满愉快的生活,我若不发奋图报,将何以对天下人?又将何以对自我?

我仿佛在上面说了许多不着边际的话,但是我的中心是恳挚的,我的脑筋是清明的。我现在要说几句脚踏实地的痛心话了。我不爱令爱于她大病之前,而爱她于大病之后,未曾与她共患难,这是我认为生平最抱恨的一件事!我这时正在恳请二位长者将令爱付托于我,我在这一点上,对于二位长者,竟丝毫没有交代。我深知二位长者对于令爱一切放心,只是时时挂念着她的身体。我自从爱她以来,也完全作如是观。我总期尽人事以回天力,在她身体一方面,倘使您们赐我机会,当尽我之所能以图报于万一。

我自己心里想说的话,差不多已说完了。我现在要述我的家庭状况,以资参考。藻父母在堂,一姐已出阁,一妹在学。门第清寒,而小康之家,尚有天伦之乐。令爱和我的友谊经过情形,曾已详禀家中。家严慈对于令爱,深表爱敬,而对于藻求婚的心愿,亦完全赞许。此事之成,只待二位长者金言一诺。万一长者不肯贸然以令爱付诸陌生之人，而愿多留观察的时日，以定行止，我也自然要静待后命。不过如能早予最后的解决，于藻之前途预备上，当有莫大的激励，而学业上有事半功倍的成效。总之，我这时聚精会神的程度，是生来所未有的。我的情思里，充满了无限的恐惶。我一生的成功或失败，快乐或痛苦，都系于长者之一言。假如长者以为藻之才德，不足以仰匹令爱，我也只可听命运的支配，而供养她于自己的心宫；且竭毕生之力于学问，以永志我此生曾受之灵感。其余者不足为长者道矣。临颖惶切，不知所云。

敬肃，并祝万福！

吴文藻　谨上

一九二六，七，一。美国剑桥

冰心回到北京后，就将吴文藻的求婚书，悄悄地放在父母亲卧室的桌上。

谢葆璋匆匆看了一遍，就走到床边，喊醒杨福慈说："你快起来看！"杨福慈只见他满面笑容，手里举着几张厚厚的硬纸，就坐了起来，两个老人就一起细细阅过吴文藻的求婚书。杨福慈满心欢喜，她心里的一块石头落了地。谢葆璋郑重地说："从他写的信来看，他是一个妥当人！"

"门第清寒，倒没有什么关系。只是不知道在家里时有没有娶过亲……"杨福慈提醒似的说。

"最好还是等他回来再定。"谢葆璋望着杨福慈。

杨福慈赞同地点点头。

7.天空海阔几时归

冰心应司徒雷登校长之聘回母校任教时，恰巧燕京大学在西郊新建的校舍初步落成，在城里盔甲厂的男校和佟府夹道的女校一并迁入新校舍。

冰心乘车出西直门，在夹道的柳荫中穿行，过了海甸，车子停住，冰心下车，进入燕京大学，心情顿时感到格外爽朗。啊，这开阔、优美的校园，与佟府夹道女校相比，简直是两个天地。迎面是一幢富丽堂皇的大楼，华美的飞檐，翠绿的琉璃瓦，楼前是方正的草坪，两旁是对称的两幢大楼，显出一股雄豪的气派。冰心踏着轻盈的步子，走入主楼，办事员们对新上任的教师表示欢迎，很快替她办好了到任的手续。冰心谢过他们后，就告辞出来，暗想自己刚踏进社会，能够在这优美的环境中工作，实为人生的一大快事！

冰心怀着愉悦之情，向吴文藻详细描述了学校的环境和感受：

> 住进新校舍里的新教师、新学生……大家都感到兴高采烈，朝气蓬勃，一切都显得新鲜、美丽、愉快。

吴文藻经常给冰心写信，寄到燕京大学来，寄信人是 W.T.Wu。同宿舍的同事，只知道常有美国来的信，但不知道这姓吴的是谁。只有同时来校任教的生物系教师江先群，她的未婚夫李汝祺也是清华学生，比吴文藻高两班，也在美国，才了解详情。

燕京大学要求新生全都修习基础课。基础课又分必修和选修两种，而国文和英文则无论哪个系科，都是必修的。冰心一开始就教一年级必修科的国文，用的是古文课本。五十年后，冰心回忆起当教师的快乐时写道："大学一年级的男女学生很多，年纪又都不大，大概在十七到二十岁之间。国文课分成五个班，每班有三四十名，因为他们来自全国各地，闽粤的学生，听不大懂马鉴主任、周作人、沈尹默、郭绍虞等几位老先生的江南口音，于是教务处就把这一部分学生分到我的班上。从讲台上望去，一个个红扑扑稚气未退的脸，喜笑地、好奇地望着我这个小先生——那时一般称教师为先生。这些笑容对我并不陌生，和我的弟弟们、表妹们的笑容一模一样。打开点名簿请他们自己报名，我又纠正了他们的口音，笑语纷纭之中，我们一下子就很熟悉很亲热了！"

福建、广东来的学生，由于他们的方言里 zh、ch、sh 和 z、c、s 不分，学普通话时就遇到麻烦了，发音往往不准确。为了教好学生的普通话，学会"咬"准字音，冰心特意找些绕口令，让学生学着念。有一次她挑了半阕词：

金埒远，玉塘稀，
天空海阔几时归？
相离只晓相思死，
那识相思未死时！

这"相思死"和"未死时"几个字，有些学生怎么也绕不过口来，课堂里是"嘶、嘶、嘶"和一片笑声！

不久，江先群悄悄地笑问："听说你在班里尽教学生一些香艳的诗曲,是不是你自己也在想念海外的那个人了?”冰心一边辩解着,却也不禁脸红起来。

一天晚上,冰心正在排戏,徐志摩突然来访,冰心匆匆忙忙出来接待,谈了很久。第二天,燕京大学的同事传开了,冰心的男友吴先生从美国回来了,昨天夜里到燕大来看她了……随后大家知道是诗人徐志摩,学生们认为,以徐志摩横溢的才气,飘洒出众的仪表,在冰心的追求者中,该是最有成功的希望的。①

冰心回国后的头一年,因为她的父亲升任了海军部次长,朋友的来往又多了些,同时大弟谢为涵又要结婚,中剪子巷的房子不够用了。谢葆璋的一位朋友说圆恩寺有所房子,本来有个小学要租用它,因为房东怕小学生把房子糟蹋了,他便建议租给谢葆璋。冰心用一百元的《春水》稿费,把在北京住了十几年的家,从中剪子巷搬到前圆恩寺一所坐北朝南的大房子里。这房子的确不小,父母亲住北房的三间,大弟谢为涵夫妇住了三间南屋,冰心住在东厢房的三间,二弟谢为杰和三弟谢为楫就住三间西厢房。

冰心那三间屋子是周末养静之所,收拾得相当整齐,一色的藤床竹椅,花架上供养着两盆蜡梅,书案上还有水仙,掀起帘来,暖香扑面。

冰心回国后第二年,父亲的学生们便来接他南下,到上海就任上海海道测量局局长,兼任海道巡防处处长。父亲离开了北洋政府,她的家便也搬到了上海的法租界徐家汇,和在华界的办公处只隔一条河。

吴文藻的来信,寄到上海家里的,母亲杨福慈怕有人偷拆开看,

---

① 参阅李素:《谢冰心老师》。

都锁在抽屉里。

燕园的5月之夜，是宁静的、香气四溢的夜。燕园之外，却四处鼓荡着血雨腥风。日本帝国主义正在山东济南连夜赶修工事，铺设铁丝网，架起大炮、机枪，恣意残杀中国军民。

惨痛的消息传到了各地，传到了北京，传到了清幽的燕园。

冰心忙于备课，辅导学生，导演新剧……没有更多的时间进行创作。当她听到日本侵略军在济南的暴行时，和全国人民一样悲愤填膺。

5月9日夜，"北伐军"的第一军李延年、第四十一军邓殷藩部队在济南奋战，再次抗击日军的冲锋。深居燕园的冰心，这时凝立在窗前，窗外是黑沉沉的夜，绿树的密叶不时发出轻微的声响。在这个静静的夜里，她的灵海里却汹涌着波涛。她仿佛看到济南城上冲天的战火，滚滚的烽烟，国家、民族正处在危难之中，同胞惨遭杀害。可是在大洋彼岸的吴文藻和留学生们，大概全都蒙在鼓里，他们听不到济南上空凄厉的枪声，他们看不到祖国母亲正在遭受着空前的苦难，也许正在图书馆里埋头攻读呢！是的，应该把祖国的实情告诉他们……冰心想着，想着，突然产生了写诗的"灵感"。她沉思良久，然后回到书桌旁，奋笔疾书，写出了《我爱，归来吧，我爱！》：

这回我要你听母亲的声音，
我不用我自己的柔情——
看她颤巍巍的挣扎上泰山之巅！
一阵一阵的
突起的浓烟，

遮蔽了她的无主苍白的脸！

她颤抖，
她涕泪涟涟。
她仓皇拄杖，哀唤着海外的儿女；
她只见那茫茫东海上
无情的天压着水
水卷着天！

"归来罢，儿啊！
看你家里火光冲天！
你看弟兄的血肉，染的遍地腥膻！
归来罢，儿啊！
你老弱的娘
哪敢惹下什么怨愆？
可奈那强邻暴客
到你家来，
东冲西突
随他的便，
他欺凌孤寡，不住的烹煎！

"归来罢，儿呵！
你娘还活得了几多年？
这古旧的房屋我有甚流连？
只为的是强邻欲壑难填，

只怕的是我海外的儿们
将来——
还不如那翩翩的归燕，
能投到你宗祖的堂前！

“归来罢，儿呵！
先把娘的千冤万屈，
仔细的告诉了你的友朋。
你再招聚你的弟兄们，
尖锐的箭，
安上了弦！
束上腰带，
跨上鞍鞯！
用着齐整激昂的飞步，
来奔向这高举的烽烟！”
…………

冰心写着，写着，泪水模糊了她的眼睛。她停下笔来，取出手绢轻轻地擦着、思索着，又继续往下写。直到写完最后一行，把自己的愤激之情，挥洒到了纸上，心里才觉得舒坦了些。她又对个别的诗行作了修改。然后，她以最熟练的动作，打开抽屉，取出信笺，把这首诗抄了一遍，寄给远在美国哥伦比亚大学攻读博士学位的吴文藻。

吴文藻生性勤谨，为人忠实，学业上孜孜以求，深得师友们的信赖。他刚从达特默思学院毕业，在清华学校教社会学的陈达就劝他进入美国的哥伦比亚大学,并预约他毕业后回清华教书。吴文藻欣然答应了。

为了掌握丰富的学识回母校任教,吴文藻学习更加勤奋,除了必修科目外,还选修了本系的《心理学与文化》,选读了旁系的《近代欧洲史》,参加了"民族主义学说"讨论班,还旁听了经济学系、哲学系、人类学系的课程。仅仅用了一年的时间,就取得哥伦比亚大学的硕士学位。

1927年秋,吴文藻修完《西方文明与社会》《西方社会思想发展史》《人口问题》《社会立法》《统计学》,以及法文、德文等课程,准备撰写博士论文。这时,燕京大学社会学系的创始人之一步济时来到哥伦比亚大学。当步济时了解到吴文藻的学业情况后,便约吴文藻回国后到燕京大学社会学系先代一门课。这就形成了清华和燕京两个学校争聘吴文藻的局面,吴文藻心里也很矛盾:母校的预约在前,不能失信;而燕京大学的条件也不错,特别是冰心已经在燕京大学,具有更大的吸引力。步济时的聘请,使他非常动心。经过反复思考,他决定写信跟清华学校的陈达商量。经过磋商,陈达以吴文藻回国后头两年在清华兼两门课作为条件,同意吴文藻去燕京大学。

矛盾解决后,吴文藻便在政治学院立法教授张伯伦指导下撰写博士论文。张伯伦是美国取缔毒品运动方面的专家,因而他提议吴文藻撰写这样一篇论文:《见于英国舆论与行动中的中国鸦片问题》,他想通过这个题目,引导他的学生注意研究中国社会的现实问题,同时借以提高吴文藻运用历史方法的能力和分析文献资料的能力。吴文藻在广泛搜集资料过程中,翻阅了一般图书馆所不曾收藏的《汉萨德的不列颠巴力门辩论录》,接触到了一般人不容易接触到的英国议会政治史的官方记录，得到一个意外的收获。

博士论文定稿后，按照哥伦比亚大学的规定，学生必须自己花钱，铅印二百份，交给校方。张伯伦教授知道吴文藻经济困难，便借给吴文藻二百美金，论文才得以印刷。1928 年冬，吴文藻的专业必修课笔试及格后，博士论文答辩委员会一致通过了他的论文。

归心似箭的吴文藻立即整理行装，美国同学挽留他多待几天，一起过个圣诞节，他也婉谢了。他按原定日期离开美国，取道欧洲，经由苏联回国。

第二章

8.未名湖畔的夏夜

1929 年 1 月下旬,燕京大学收到吴文藻的电报:拟于 2 月 24 日抵北平。司徒雷登校长就开始筹备为吴文藻涤尘并让人把校长的客房收拾好,作为吴文藻的住所,决定聘吴文藻为社会学系的讲师。

冰心以甜柔的爱迎接久别的恋人归来。吴文藻回到北平,就将一个钻石戒指送给冰心,冰心微笑着低声说:“还没有得到父母亲的同意,这戒指不能戴……”吴文藻加紧安顿好回北平后的一些事务,相约一起到上海,拜见冰心的父母。冰心带着二弟谢为杰和表侄女刘纪华同行。

冰心包了软卧车厢的一个小隔间,她把吴文藻和谢为杰安排在下铺,自己和纪华在上铺。她还准备好了一块长方形的布,把上下铺隔开来。过了一阵,冰心又觉得与吴文藻同一个隔间不合适,就让为杰到邻近隔间找个老头同文藻换个铺位。为杰说:“何苦来?”冰心仍坚持,于是他找到一位住上铺的老头过来,把吴文藻的下铺让给他。老头欣然允诺。老头搬过来后,随即从提篮里取出酒瓶喝起酒来,整个小隔间里散发着酒味,直冲鼻子。冰心微皱着眉头,老头喝得十分得意,为杰只是无可奈何地苦笑。酒后,老头又把布袜子脱下来,手提着裹脚布在半空中不停地抖搂。冰心和纪华都把头侧向一边,为杰想劝阻,冰心示意不让他开口,他也只得忍住了。

到了上海,三弟为楫开车来接。为杰向吴文藻说起车上那位老头喝酒等情节。吴文藻望着冰心只是笑笑,一言未发。冰心不好意思地低着头,她心里估摸吴文藻的反应:"活该,自找的!"

吴文藻恭恭敬敬地拜见了冰心的父母亲。冰心的房间让给吴

1923 年春,冰心与父亲谢葆璋在北京合影

文藻，父母亲就让人在自己的卧室里给冰心搭了一张帆布床。全家都把吴文藻作为贵宾款待。谢葆璋和杨福慈见他身材魁伟，体魄壮实，五官平正，特别是晨夕相处中，处处可见他为人温厚，应对谦和，把自己的掌上明珠托付给他大可放心。而且从才学来讲，也配得上负有盛誉的女儿。两位老人暗暗赞许女儿的眼力。由于当时父母包办早婚的陋习还相当盛行，为了慎重起见，他们特地请人到江阴夏港镇去了解吴文藻的家庭和婚姻状况。据回来的人禀报，吴文藻在乡下没有娶过亲，只是曾经有过一个女朋友，出国以后就没有通信联系了。直到这时，父亲和母亲才明确表示赞同他们的婚事。吴文藻在江阴探望父母和亲友后，又到上海，举行了订婚仪式，冰心才戴上了吴文藻早已准备好的钻石戒指，然后双双北上，并肩执教。

冰心和吴文藻有时在燕园散步，但两人不并肩，不携手，一个学生曾偷拍了他们的背影：一男一女并排走着，倩影成双，但中间竟然隔开三四尺，故意保持相当距离似的。照片登在燕大年刊上，附有一段旁注，中有吴博士写的一手好字等，大家看了这种新式散步，全都哈哈大笑。

冰心和吴文藻订婚后，燕京大学就将正在建造的南大地 60 号作为他们婚后的住宅。燕京大学的主管部门把这幢两层小洋楼的设计、内部设备的安装，征求冰心和吴文藻的意见，吴文藻只要有放书的地方就可以了，其余都不太在意。冰心则根据自己的设想构筑这个甜美的“爱巢”，对房屋几项原先的设计提出修改意见，建筑部门完全按照她的意见，建造这幢住宅。

房屋建成后，吴文藻请木匠师傅在楼下他的书房的北墙，用木板做了一个顶天立地的大书架，又买了几个半新的书橱、卡片柜和书桌。冰心课余则忙于考虑新居的布置装饰以及庭院的栽花、种树等。

婚期渐渐临近了,冰心要做好婚礼的准备工作。她同吴文藻商议后,准备请清华大学教师萨本栋做伴郎,陈叔通的侄女陈意做伴娘。陈意刚从美国留学回来,到母校任教。新郎、新娘前面的两位姑娘,约生物系教师江先群的妹妹江尊群和刘纪华来担任;后面牵纱的小女孩,她挑选了萨本栋的侄女和舅舅家的杨树萱。她又根据婚礼上各种颜色的调配,为伴娘做了淡黄色的裙子,为牵纱女孩做了浅红色的长衫,为端戒指盘子的男孩制了白衬衣和黑色短裤……

6 月初,学生们开始紧张起来,抓住重点,认真复习,迎接即将到来的考试。冰心突然生病了,先到女校疗养所诊治。美国女大夫检查后,确诊为重感冒,就留在疗养所里观察治疗。冰心住在疗养所里,由两位服务员舒妈和富妈轮流护理。冰心听她们说的都是一口纯正的北京话,又了解到她们都是满族。在不多的接触中,细腻的女作家已经感觉到她们性格的不同:舒妈年纪大一些,也世故一些,爱说爱笑;富妈比较文静,说话轻声细语。每逢富妈在冰心身边照料时,她的脑子中总涌上“大人家,举止端庄”等词句。一天,富妈忽然低声问冰心:“谢先生,您结婚后用人吗?我愿意给您帮忙。”

“那太好了,就是我们家里就两个人,事情不多,而且人家已经给我们介绍一个厨师了。洗衣服、床单,收拾楼下的书房客厅等,大师傅都兼管了。楼上我们卧室什么的,也没有什么重活。”

“我能给您做针线活。您新房子里总得有窗帘、床单、桌布什么的,我可以先给您准备。”

这些都是冰心原先没有想到的,富妈倒都替她想好该准备的一切,就欣然同意了。

冰心痊愈出院后,就和富妈一起到南大地 60 号即将竣工的小楼里,量好了门窗的尺寸。当时燕京大学南大地的小楼都用两重帘子,外面是一层透明的白纱布,里面只是一道横的短帘和两边长的窄窄的长帘,里层的帘子是有颜色的。冰心便对富妈讲:“楼下的客厅兼饭厅想用玫瑰色的窗帘,楼上的卧室用豆青色的,客房用粉红色的……”

富妈一一记在心里,冰心就买了这几种颜色的苏州绵绸交给了富妈。

位于燕京大学校园中心的临湖轩,是美国费城乔治·柯里夫妇捐赠的校长住宅,倚山傍湖而建,而且完全按照中国传统的建筑式样设计,是一座精致、幽雅的亭院,里面有客厅、餐厅、卧室、小套间、厨房……漂亮,舒适。司徒雷登感到十分称心而得意。

6 月 14 日的晚上,临湖轩里灯火通明,轻柔的话语、甜美的笑声,一缕一缕地飘散在未名湖上,第二天下午,冰心和吴文藻将在这里举行婚礼。司徒雷登宴请了新娘、新郎、伴娘、伴郎以及参加筹办的教师,实际上是进行一次婚礼的演习。吴文藻心中溢满难以言说的欢乐,一首曾经读过的诗涌上心来:

啊,我爱人像红红的玫瑰,
在六月里苞放;
啊,我爱人像一支乐曲,
乐声美妙、悠扬。

你那么美,漂亮的姑娘,
我爱你那么深切;
我会永远爱你,亲爱的,

一直到四海涸竭。

直到四海涸竭，亲爱的，
直到太阳把岩石销熔！
我会永远爱你，亲爱的，
只要生命无穷。

根据教务处的安排，6 月 15 日上午，冰心教的一班学生有一门课的考试。8 点钟冰心照常到教室去，学生们都以惊奇的眼光望着她，他们没有想到，谢先生今天结婚，还亲自到考场来！冰心眼望着埋头苦思、迅速挥写的学生们，一个个都带着不同程度的紧张情绪。作为监考老师，往常总是最悠闲、最自在的，可今天也和应试的学生一样，仿佛心跳得特别快，而时间又过得格外慢。好不容易到了 10 点钟，同学们纷纷把考卷交来。冰心立即批阅，直到分数全部评定了，她才松了一口气。

预先约定请吴文藻到女教员宿舍来吃午饭，朋友们准备好了一切，冰心就等待着吴文藻到来。可是，约定的时间早已过了，历来严格遵守时间的吴文藻却迟迟不来。冰心等得实在焦心，她不停地看表，站在窗口张望，却不见吴文藻的踪影。

同事们戏对冰心说："吴先生大概是后悔了，他不要你了……"

"那大概还不至于……"冰心坚定而自信地笑说。

这时吴文藻正骑着自行车从朗润园绕着未名湖畔过来，可是前面有一位老人在慢慢地往前走，吴文藻看到路窄，无法超过去，就一股劲摁着车铃，谁知前面的行人竟毫无反应，照旧在小路中间缓缓移步。为了躲避老人，自行车撞到树上去了，吴文藻从车上摔了下

1929 年 6 月 15 日的吴文藻

来,身上也摔伤了。他艰难地站了起来,急忙推着车子到校医室去,敷药、包扎好后,才赶到女教员宿舍。

冰心见到吴文藻,如释重负。没等冰心开口,吴文藻一再道歉。冰心焦急等待的苦况和抱怨的意绪全都消失了,她更为吴文藻的跌伤而心疼。

临湖轩的客厅,洋溢着庄严、喜乐的气氛。司徒雷登作为主婚人,穿上了牧师的黑色大长袍,站在中间。冰心穿着一身洁白的礼服,头戴花冠。吴文藻则是笔挺的西服,系了一条斜条纹的领带。宾客无不赞赏整个婚礼现场色调的明丽、和谐,新娘的出众。平日熟悉的亲朋，看到冰心经过一番打扮，和以往是多么的不同，仿佛初次发现她的惊人的美。

冰心和吴文藻站在牧师面前，冰心微微低着头。司徒雷登用浑厚的声调念了一段《圣经》上的话，然后低首问冰心："你愿意做他的妻子吗？"

"愿意！"冰心轻婉地回答。

司徒雷登又转向吴文藻："你愿意娶她为妻吗？"

吴文藻坚定地说："愿意。"

司徒雷登把他们的手放在一起，然后又作了一番祝福。

新郎、新娘转到里间的饭厅，餐桌上摆满了茶点、水果，中间放了一个大蛋糕。宾客们就座后，冰心用纤巧的手，握着小刀，切开那个好几层厚的蛋糕待客，顿时欢声笑语萦绕在雕梁画栋之间。

冯友兰送了一副对联：

文藻传春水

冰心归玉壶

婚礼进行得十分圆满，城里的亲友们，全都坐上了早已准备好的轿车，清华大学的教师们也结伴回去了。由于南大地的住宅尚未竣工，冰心又不愿像别人那样以高级旅馆做洞房，她事先派人到大觉寺租了一间空房（那时没有客房）。结婚的仪式完成后，她回到女教员宿舍，脱下礼服，换上一件日常穿的天蓝色的旗袍，同吴文藻一起，乘坐司徒雷登的专车，前往大觉寺。

车子开到大觉寺附近的村子，时近黄昏，人们听到汽车的喇叭声，都从家里出来看热闹。冰心下车碰到路旁有卖黄瓜的，新摘下

1929年6月15日身着婚纱的冰心

来的鲜嫩黄瓜,顶上都带着花,她非常喜欢,就随手买了几根,在泉水里洗洗,坐在门槛上吃起黄瓜来了。看热闹的村民们嬉笑着:“看,新娘子吃黄瓜!”

来到洞房,空空荡荡的,只有自己从学校带来的两张帆布床和窗下的一张桌子。冰心仔细一看,那是一张没有油漆的白木桌,还只有三条腿,另一条腿是用半块破砖垫起来的。他们正在环顾这间洞房时,同来的厨师进来问道:“罗家伦先生也来了,要不要请他吃饭?”

冰心尚在燕京大学读书时,曾在北京大学的新潮社编辑出版的《新潮》月刊上读到罗家伦写的新诗和小说。过了不久,罗家伦托刘放园到冰心家里为他做媒。谢葆璋就问女儿:“你的意思怎么样?”冰心回答得很干脆:“我还在读书呢,现在不考虑这个问题。”父亲历来尊重她的意见,也没勉强她。后来听说罗家伦当了国民党战地政务委员会的教育处处长。1928 年,罗家伦当上了清华大学的校长。冰心望着吴文藻,见吴没有言语,她脱口而出:“干吗要请他?”厨师笑了笑退了出去。

大觉寺是有名的古老寺院,始建于辽代,金时是西山八院之一的清水院。几经兴废,到清雍正、乾隆年间,修建成具有园林特点的寺庙。对于寺庙的殿堂,冰心的兴趣不大,她喜欢这里环境清幽,花木茂盛,尤其那棵八百多年的银杏树更使她仰慕。她和吴文藻在葱茏的树荫下流连忘返。直到五十多年后,她还清晰地忆起这株帝王树的雄姿。

在大觉寺只住了两天,由于学校尚未放假,他们就回燕京大学来了。冰心被包贵思接到家里去住,吴文藻仍然回到单身教员宿舍,他们分别处理放假前的各项工作。这时,冰心和吴文藻隆重而高雅的婚礼成了燕京大学师生们的话题。因为燕大注册主任梅贻宝与社会学系教师倪逢吉的婚期也在这时候,他们却采用旧式的婚姻仪式,新郎长袍马褂,新娘凤冠霞帔,用花轿迎亲,吹吹打打,在燕园中绕行。人们把两个婚礼进行对比,评判议论。

冰心和吴文藻回到上海,谢家上上下下喜气洋洋,分外忙碌。当冰心与母亲独对时,母亲带着抱怨的口气说:“你在北平结婚,爹爹给你汇了二百元,补贴婚礼的费用,你怎么全部都给退回来了,我真没想到……”

“整个婚礼,连同租送客人的车子,总共只花了三十六元,根本用不着那些钱。”

婚礼合影。二排左起:刘纪华、吴文藻、冰心、陈意、江萼群,三排左起:谢为杰、冰心的舅母杨子敬夫人、司徒雷登、包贵思、萨本栋

母亲详细地询问了婚礼的情况,冰心如实对母亲叙述了。母亲说:“一辈子就这么一次,实在是太简单、太随便了。首饰没有打做新的,衣服也只添置了几件,新婚没有洞房,只在山寺里过了花烛之夜。我向你爹提起陪嫁不足时,他总是笑劝说:‘做父亲的没有攒钱的本领,女儿只好吃亏了。我陪送女儿,不是一箱子的金钱,乃是一肚子的书!——而且她也不爱那些世俗的东西。’他尽管那么说,可我心里总感到不过意,觉得自己没有将唯一的女儿周全地送出去,心里总感到无限的惭愧,无限的抱歉。”

冰心理解母亲的心情,她极力加以百般的劝慰。母亲对心爱的女儿,只有无私的奉献,无穷无尽的给予,竭力让女儿读书识字,获得知识财富，而今又觅得理想的爱侣，这一切远远胜过金山银山的陪嫁呢！

为了庆贺女儿的婚姻大事，谢葆璋宴请了在上海的亲友。谢家热闹了一番。朋友们向谢葆璋道贺时，总说他好福气，培养了一个才女，又获得快婿……

冰心又同吴文藻到江阴省亲，江阴地处江苏南部，历史悠久，文化灿烂，是座历史文化名城。吴文藻是吴家的长子，吴家按当时的惯例，举办了隆重的婚宴。冰心长得端庄秀丽，深得吴文藻父母的喜爱，四邻乡亲都来看新娘子，气氛挺热闹。吴文藻带冰心看看家乡，冰心很喜欢这江南水乡小镇，吴文藻对冰心说："我们这个夏港镇，传说是夏禹治水时，开挖下港河而得名，它是江阴的西大门。"他们来到横跨在夏港河上的万安桥，吴文藻又带着豪情介绍说：这座桥始建于宋代……夏港离江阴城不远，吴文藻陪同冰心到江阴城里游览，冰心看到城内陈列着种种商品的店铺，笑对吴文藻说："没想到城里的商店还不少！"吴文藻还邀她去看他孩提时代读书的礼延学堂和南菁中学。留给冰心印象最深的是一座建于宋朝的兴国古塔以及奔腾不息浩瀚的长江，她说江阴的确是个好地方。① 吴文藻的家人还向冰心述说他少年时代的一段往事：吴文藻有个小名，叫渭樵，1913 年 4 月 13 日，当时仅十二周岁的他就写下了"坐北朝南望南山，日出取暖东是海。一江春水北是街，月光斜照西车站。远走高飞求成才，为国保家称好汉"的诗句。他们在夏港镇只住了几天，又回到上海。

---

① 薛仲良：《冰心老人与江阴》，载《冰心与江阴》，中国文联出版社，1999 年 10 月版，第 101 页。

那时的知识界，也喜欢学西方的生活方式，朋友们都劝冰心和吴文藻到杭州西湖去度蜜月。夏天的西湖，并不完全是“水光潋滟晴方好，山色空蒙雨亦奇”。而是热得像蒸锅一般，刚提笔写几个字，汗水已经把信笺弄湿了。恰巧刘放园表兄一家正在莫干山避暑，曾邀请她去住几天。冰心在西子湖畔只住了一天，就上莫干山去了。

到了山上，放园表兄盛情款待，他们游览了山上的名胜。

下了莫干山，事业心极强的吴文藻为了准备秋后的教学要提前回北平。冰心惦念着新居的布置，假期未满就准备北上了。母亲将婚宴时亲友们送的许多礼品，以及各色各样质地考究的喜幛汇拢起来，让冰心全部带到北平。冰心却是一样都不肯带，请母亲留在家里，作为将来亲友喜庆时还礼之用。

母亲含着泪说：“你父亲太好了，以至做了几十年的官，也不能好好地陪送你！我呢，正经的首饰也没有一件，金镯子和玉鬓花，前年细哥出洋的时候，都作了盘费了。只有一朵珠花，还是你外祖母的，珠也不大。去年拿到珠宝店里去估，说太旧了，每颗只值两三块钱。好在你平日也不爱戴首饰，把珠子拆下来，和细弟平分了，做个纪念吧！将来他订婚的时候……”

听到这里，冰心已经幽咽不胜了，她勉强抬起头来笑着说：“何苦来拆这些，我从来不用……”

母亲依旧说下去：“那边小圆桌上的银花插，是去年我生日时你爹的英国朋友M先生送的。M先生素来是很讲究的，这个想来还不便宜。老人屋里还摆什么花草，我想也给你。”

冰心朝圆桌看去，桌上玲珑地立着一个光耀夺目的银花插，盘绕圆茎的座子，朝上开着五朵喇叭花，花筒里插着绸制的花朵。

母亲接着说:“收拾起来的时候,每朵喇叭花是可以脱卸下来的,带着走也方便!”

冰心执意不带这银花插,就向母亲说:“我们那个小小的家,已经应有尽有了,这银花插,还是留在家里吧。”

冰心从上海回到北平时,富妈已经把所有的窗帘都做好了,而且还做了各间屋子里的床单、被单,都是用白细布,又用和窗帘一色的布缘了边,还“补”上一些小花,协调淡雅极了!冰心非常喜欢,设想新居经过一段时间的精心布置后,在这小小家庭里举行的第一次宴会将是这样的情景:壁炉里燃着松枝,熊熊的喜跃的火焰,映照得客厅里细致的椅桌,发出乌油的严静的光亮;厅角的高桌上,放着一盏浅蓝带穗的罩灯;在这含晕的火光和灯光之下,屋里的一切陈设,地毯、窗帘、书柜、瓶花、壁画、炉香……无一件不妥帖,无一件不温甜。

可是住宅的修建工程尚未最后完成,她“一开门满屋子都是油漆气味;墙壁上的白灰也没有干透;门窗户扇都不完全;院子里是一堆杂乱的砖石灰土”。她和吴文藻把重要的家具安放好位置,夜里又慢慢从她带来的箱子里取出应用的陈设,如钟、蜡台、花瓶等,想等房屋的内部装修全部竣工后,再慢慢布置。

吴文藻突然得到他的博士论文导师张伯伦来华的消息,非常兴奋地告诉冰心:“我在美国时,得到张伯伦教授很多照顾,我们的交谊,超过师生之上!这次他来得很仓促,在北平停留的时间特别短。我想在他游览颐和园之后,请他吃顿晚饭。”

生性喜欢款待客人的冰心,对宴请吴文藻尊敬的师长,当然是毫无异议。只是时间太急促了,什么都没有准备好,在这个新建立的家里,只有光洁的四壁和几张桌椅,地毯还都捆着放在楼上,画框都重叠着放在屋角。上午吴文藻要进城去接张伯伦教授，下午又要陪他到颐和园去，只有自己一个人来张罗……想到这些，冰心不觉把眉头蹙了起来，沉吟了半晌，没有言语。

吴文藻已经穿好衣服，戴上帽子，预备进城去接张伯伦教授，回头看见冰心蹙眉踌躇的样子，歉疚地说："不要紧的，你别着急，好歹吃一顿饭就完了，张伯伦教授也知道，我们是新搬进来的，自然诸事都能原谅。"

"你躲出去了，把事都推在我身上，回头玩够了颐和园，再客人似的来赴席，自然你不着急了！"冰心含颦地笑着。

"要不然，我就不去，在家里帮你。或是把这宴会取消了也使得，省得你太忙累了，晚上又头痛。"吴文藻体贴地说。

"笑话！你已请了人家了，怎好意思取消？你去你的，别耽搁了，晚上宴会一切只求你包涵点就是了。"

吴文藻听冰心这几句话，知道自己得到谅解了，便高兴地往外走。冰心又立即叫住他："陪客呢，你也想出几个人。"

"你斟酌吧，随便找谁都成，你请的总比我请的好。"吴文藻信任地报以一笑，就走了。

冰心立即吩咐厨师："你先到外面定一桌酒席，要素净的。回来把地板用柏油擦了，到楼上把地毯都搬下来。"然后又让富妈准备画框、钉子和绳子等。

冰心指挥厨师把地毯照着屋子的颜色铺好，再把画框按照大小和颜色分配在各个屋子里；书柜里乱堆的书，也都整齐地排立了；蜡台上插了各色的蜡烛；花瓶里插上了鲜花。她把屋角高桌上白绢画蓝龙的电灯一开，厨师和富妈同声说："太太这么一调动，这屋里真好看了！"

冰心内心充满着喜悦，向厨师说："把壁炉生起火来，要旺旺的。"又转向富妈，"跟我上楼来开箱子。"她在箱底发现喇叭花形的花插子，用报纸包着，不知什么时候母亲悄悄地塞在她的箱底。

富妈把杯、箸、闽漆的咖啡杯子都洗净安放好后，上楼说："桌子都摆好了，只是中间少个花盘子……"

冰心把刚安上的喇叭形银花插递给她："这是银花插，你把我摘来的玫瑰插上，再配上绿叶就可以了。"

富妈双手接过，欢喜地说："这个真好，又好看，又合适，配上那银卡片架子和杯箸，就好像是全套似的。"

冰心连忙写了卡片，安排了座位，又匆匆上楼收拾好卧室，换上一件莲灰色的旗袍，走下楼来。这时吴文藻已经陪同客人来到客厅，连忙介绍说："这位是张伯伦教授——这是我的妻子。"

张伯伦客气地同冰心握手。

冰心转身看到吴文藻惊奇欢喜的眼光。

吴文藻附在她耳边说："爱，真难为你，我们刚进来的时候，我还以为是走错了地方呢！这样整齐，这样美，不但这屋里的一切，你今晚也特别的美，淡淡的梳妆，把三日来的风霜都洗净了！"

冰心不好意思地笑说："还不换双鞋子去呢，把地毯都弄脏了！"

邀请的陪客都陆续到了，席间大家谈着各国的风俗，慢慢地转到妇女问题、政治问题……席散后，客人们随便地坐在客厅里喝着咖啡。

张伯伦教授要进城去，临告辞时，轻声地对冰心说："我非常感谢你在仓促中为我准备了这样丰盛的晚宴，你约请的陪客都是顶理想的。我十分喜爱你们这个小巧精致的家庭。去年吴文藻在美国写博士论文的时候，真是废寝忘食。我当初劝他不要太着急，太劳瘁，赶出病来。他也不听我的话。如今我知道了他急于回国的理由了，我一点不怪他！”说得冰心只好含羞地笑着。

送走了客人，吴文藻携着冰心的手走进客厅，并坐在炉前的软椅上。吴文藻端详着冰心的脸：“看你眼边又起黑圈了，先上楼休息去，剩下的事都交给我吧！告诉你，今天我心里有说不出的感激和得意……”

“够了，我都知道了！”冰心笑说着，便翩然走上楼去。她为这次宴会的成功而感到喜悦。因为这次宴会，促使她在最短的时间内，把各处都摆设整齐了。如今，在这个“爱巢”里，围绕着软美温甜的空气。

冰心又猛然想起她的母亲来了。七天以前，她自己还在那阒然深沉的楼屋里，日光隐去，白燕在笼里也缩颈不鸣。父亲总是长吁短叹着，婢仆都带着愁容，母亲灰白着脸颓卧在小床上，每一转侧，都引起梦中剧烈的呻吟……

她哭了，她痛心地恨自己！在那种凄凉孤单的环境里，自己是决不能离开，不应离开的。而竟然接受了母亲的催促，竟然利用了母亲伟大的、体恤怜爱的心，而飞向她夫婿这边来！

母亲牺牲了女儿在身旁的慰安和舒适，不顾了自己时刻要人扶掖的病体。甚至挣扎着起来，偷偷地在女儿箱底放下了那银花插，来完成这第一次的宴会！

她抽噎得止不住了，颓然跪到床边去。她感谢，她忏悔，她祈祷上天，使母亲所牺牲、所赐予她的甜美和柔的空气，能从祷告的馨香里，波纹般地荡漾着，传回到母亲那边去！

听见吴文藻上楼的足音了，她连忙站起来，拭了眼泪：“文藻是个最温存最同情的夫婿，被他发觉了，会徒然破坏他一天的欢喜与和平……”

吴文藻进来了,笑问:“怎么还不睡?”近前来细看她的脸,惊讶地揽着她道,“你怎么了? 又有什么感触?”

冰心伏在他的肩上,低低地说:“没有什么,我——我今天太快乐了!”

这第一次家庭宴会的成功,充分显示了冰心组织家庭生活的才干! 吴文藻婚前只看到她的才华、她的学识、她的人品,现在更进一步领略到她作为主妇也是最理想的。他内心的满足是无可言喻的。而冰心的无比得意,却是隐隐地潜在心里。

9.“只有你,现在还是我的幻梦”

1929 年,燕京大学的校舍全部建成,9 月 27 日至 10 月 1 日举行落成典礼。在庆典活动中,重点是交流学术研究,吴文藻在学术报告会上宣读了论文。冰心为自己所爱的人高超出众的表现感到极大的快乐!

1929 年 12 月 14 日,一封电报端端正正地平放在客厅的桌子上,冰心和吴文藻从城里回来,进门瞥见电报,丢下手中的小提包,抢前两步,急忙把封套拆开,只见上面写着“……母亲云,如决回,提前更好”。冰心读此电报,推测一定是母亲病重而发的,她的心似乎是一直往下沉,沉……

吴文藻安慰她说:“这无非是母亲想你,要你早些回去,决不会怎样的。”

“假如不是母亲病得危险，父亲决不会在火车断绝、年假未到的时候，催我回去的。我想象得到父亲在草拟这份电稿的时候，是经过再三考虑，尽量使词意缓和些，但是电文背后隐隐的着急和悲哀是掩不住的。”冰心伤感地说着。

“你本来体质就弱，过度的着急是最伤身体的……”

冰心打电话到中国旅行社买船票，可是对方回话说：“这几天船只非常拥挤，要等五天以后，就是要到19号顺天船上才有舱位，而且还不好。”“无论如何，我是要走的，只要能把我渡过海去……”

船票定下后，夜里，冰心睡不安稳，时时惊醒，吴文藻用了无尽的言语来温慰她：“你身体要紧，无论怎样，在路上，在家里，过度的悲哀与着急，都与自己母亲是无益有害的……”冰心在吴文藻的劝慰下，就饮泪收心地睡了一夜。

在等船的几天里，天气特别冷，窗外朔风怒号，楼中没有一丝暖气，如同冰穴。白天冰心收拾行装，晚上，与吴文藻总是强笑相对，而心中的怔忡、孤悬、恐怖、依恋，都在不语无言之中。

12月18日下午，吴文藻送冰心到天津，这是他们蜜月后的第一次同车，他们默默地相挨坐着。窗外是凝结的薄雪，窗隙吹进砭骨的冷风，斜日黯然。冰心觉得腹痛，但怕吴文藻着急，不肯说出来，只是不住地喝热茶。7点多到达天津，下了月台，冰心疼得走不动了，吴文藻扶着她挣扎着出站来，坐上汽车，径直往国民饭店，开了房间。冰心躺在床上，吴文藻站在床前，惊惶地说：“你又病了？”冰心呻吟着点一点头。

夜里，冰心的疼痛加剧，吴文藻坐在床边拍抚着她，直到中夜以后，才渐渐缓和，冰心转过身来，对吴文藻作颓乏的惨笑，吴文藻强笑着摇摇头，叫她不要言语。慢慢地替冰心卸下大衣，严严地盖上被。冰心闭上眼便睡着了。

冰心醒来时,临别的依恋、旅途的艰辛……涌上心来,她的眼里噙满了泪水,看到对床的吴文藻还在酣睡着,想到他一夜的劳瘁,不忍喊醒吴文藻。她望着窗外天津的黎明,依旧是冷酷的阴天!

早晨,两个人相倚而坐。吴文藻流着泪对冰心说:“你病得这样!我是个穷孩子,忍心的丈夫。我不能陪你去,又不能替你预备下好舱位,我让你在这时单身走!”说着哽咽了。

过了一阵,吴文藻又说:“为了和你同甘苦,我坐三等车回北平……”冰心这时也没有安慰他的精神和力量,两人只是无言地对泣。

吴文藻为了变换这悲伤的气氛,便拭干泪水说:“要不我们趁等船的时间,到梁任公家去,看看他的女儿周夫人……”冰心无力地赞成了。

冰心和吴文藻到梁家时,梁启超的女儿周夫人热情接待,设午宴款待他们,冰心喝了一杯白兰地,觉得精神好些。周夫人说到她去年回国后,11 月间,父亲就得了重病,送到北平协和医院。病情日见沉重,今年 1 月 19 日就故去了。冰心因着母亲的病,听周夫人这些悲痛之言使她心惊胆战,只好告辞。

从梁家回来,发了一封电报,整理好行囊,上了顺天船。房间特别小,又有大烟囱从房角穿过。上铺已有一位广东人占住,箱儿篓子堆满一屋。吴文藻替冰心铺好了床,她便蜷曲着躺下,吴文藻坐在床边。这时门外是笑骂声、叫卖声、争竞声,杂着油味、烟味、咸味,一片拥挤、窒塞、纷扰、叫嚣。冰心忍住呼吸,闭着眼睛,吴文藻的眼泪落在她的脸上:“爱,我恨不能跟了你去!这种地方岂是你受得了的!”

1929年6月，吴文藻、冰心婚后回上海与冰心的母亲杨福慈合影

“不妨事，我原也是人类中之一！”冰心睁开眼，握住吴文藻的手。

到晚上9点，房间里又来了一位乘客，还带了一个小女儿，房里更拥挤了。冰心坐了起来，对吴文藻说：“你走吧，我也要睡一歇，这房里实在没有转身之地了！天气冷，三等车上没有汽炉，还是不坐好。和我同甘苦，并不在于这情感用事上面！”吴文藻答应着，便从万声杂沓之中挤出去了。

吴文藻回到北平，立即给冰心写信说：“对不起你，我毕竟是坐了三等车。试想我看着你那样走的，我还有什么心肠求舒适？即此，我还觉得未曾分你的辛苦于万一！更有一件可喜的事，我将剩下的车费在市场的旧书摊上，买了几本书了……”

1930年1月7日晚上9点，冰心的母亲辞世。

母亲死后，冰心每天清晨随同一家人走到万国殡仪馆，透过玻璃盖子，参谒母亲的遗容。归来她常在父亲屋中，伴着父亲。父亲写挽联，又引起无限的伤心，下泪搁笔。冰心为他凑成一副挽联，表现当时一家的情感：

教养全赖卿贤，五个月病榻呻吟，最可怜娇儿爱婿，死别生离，儿辈伤心失慈母；

晚近方知我老，四十载春光顿歇，那忍看稚孙弱媳，承欢强笑，举家和泪过新年。

因着挚爱恩慈的母亲的逝去，冰心感到四周只有悲哀、凄凉、孤寂、空虚，她的心茫茫然无处安放。1月13日的夜里，她在给吴文藻的信中写道：

藻：

真想不到现在才能给你写这封长信。藻，我从此是没有娘的孩子了！这十几天的辛苦，失眠，落到这么一个结果。我的悲痛，我的伤心，岂是千言万语所说得尽？前日打起精神，给你和杰弟写那一封慰函，也算是肝肠寸断……这两天家中倒是很安静，可是更显出无边的空虚，孤寂。我在父亲屋中，和他作伴。白天也不敢睡，怕他因寂寞而伤心，其实我躺下也睡不着。中夜惊醒，尤为难过……

1月18日的夜里，冰心又给吴文藻写了一封信：

母亲死后的光阴真非人过的！就拿今晚来说，父亲出门访友去了；涵和华在他们屋里，我自己孤零零地坐在母亲屋内。四周只有悲哀，只有寂寞，只有凄凉。连炉炭爆发的声音，都予我以辛酸的联忆。这种一人独在的时光，我已过了好几次了，我真怕，彻骨的怕，怎么好？

因着母亲之死，我始惊觉于人生之极短。生前如不把温柔尝尽，死后就无从追讨了。我对于生命的前途，并没有一点别的愿望，只愿我能在一切的爱中陶醉，沉没。这情爱之杯，我要满满的斟，满满的饮。人生何等的短促，何等的无定，何等的虚空呵！

千言万语仍回到一句话来，人生本质是痛苦，痛苦之源，乃是爱情过重。但是我们仍不能不饮鸩止渴，仍从生痛苦之爱情中求慰安。何等的痴愚呵，何等的矛盾呵！

写信的地方，正是母亲生前安床之处。我愈写愈难过了，愈写愈糊涂了。若再写下去，我连气息也要窒住了！

简单严静的葬礼完成后，2月5日的夜里，冰心给吴文藻写信说：

我从前有一个心，是个充满幸福的心。现在此心是跟着我最宝爱的母亲葬在九泉之下了。前天两点半钟的时候，母亲的钢棺，在光彩四射的银架间，由白带上徐徐降下的时光，我的心，完全黑暗了。这心永远无处捉摸了，永远不能复活了！

不说了，爱，请你预备着迎接我，温慰我。我要飞回你那边来。只有你，现在还是我的幻梦！

冰心拖着疲惫、悲凉的心，回到北平来。吴文藻百般温慰她："你的体质素来就比较弱，过度的悲痛是最伤身体的。这样不符合母亲的心意，母亲在天之灵也会感到不安的……"

10.迎来新的生命

吴文藻在燕京大学开始了社会学的教学和科研生涯，社会学系主任许仕康分派吴文藻担任西洋社会思想史、家族社会学、人类学三门课程的教学工作。

吴文藻在他的书房里，专心致志地备课，他先了解国内的民族学和社会学的教学和研究状况，对冰心说："在国内，社会学基本上还处在模仿和照搬西方模式的阶段。我们燕大的西洋社会思想史、家族社会学、人类学三门课，目前采用的教材都是英文的教本，没有我们中国自己的特点，我想这种状况应该改变，要把我们中国的社会和民族的实际情况结合在教学中去……"

冰心在同吴文藻的通信和交谈中，对社会学有一些了解，听了吴文藻的一番话，她感到由衷的喜悦。她深深佩服吴文藻的敬业精神和创新精神，以满腔的热情赞同吴文藻的观点。冰心的支持和赞赏，增添了吴文藻改革教学的信心和勇气。

吴文藻整天在书房里埋头写作,对他担任的这三门课的教材进行了改造。他不仅为每门课都编写了一本汉文教材,而且对其内容也进行了修改。如家族社会学一课,原教材的内容是泛谈世界各民族(尤其是原始社会)的家族制度,很少涉及中国本身的家族制度。吴文藻对此进行了大幅度的改编,他以中国宗法制度为中心,并以中国与印度的父系家长制比较为特点编写了汉文教材。

在改革教学的过程中,他悟出了一个道理,就是要想使中国民族学和社会学有较大的改观,就必须发动起广大民族学和社会学工作者,共同来创造出一种有中国自己特色的、结合中国国情的新式教学和研究方法。于是,他提出了民族学和社会学"中国化"的主张。

吴文藻首先对当时中国民族学和社会学全盘洋化的状况作了一针见血的揭露。他说,中国的民族学和社会学"始而由外人用外国文字介绍,例证多用外文材料;继而由国人用外国文字讲述,有多讲外国材料者","民族学和社会学在知识文化的市场上,仍不脱为一种变相的舶来物"。接着他又大声呼吁学术界同仁们共同起来,找一种有效理论构架,并把它与中国的国情结合起来进行研究,努力训练出中国"独立的科学人才,来进行独立的科学研究",使中国式的民族学和社会学"植根于中国土壤之上",从而实现民族学和社会学的"彻底中国化"。

1930 年 5 月 10 日,是燕京大学的校友返校日,冰心同陈克明、于德华、陈意组织一个委员会,担任招待工作。历届毕业的学生,从各地和北平的各个部门,都回到母校来,冰心安排招待员,引领校友到校务长住宅报到,一一赠送黄色绫质名条一方,并送上一枚返校纪念章。随后在大礼堂召开欢迎会,吴雷川校长和女部主任费宾闺臣女士致欢迎辞,刘廷芳在长篇演说中提出校友对母校应尽四个方面的义务:指导母校的前途,贯通母校与社会间的声气,协助母校的财政,宣扬母校的精神。校友代表致辞后,分队参观校园,下午 4 点又在达园四美轩开校友聚餐会。冰心前前后后奔忙,她以高雅的态度,在众多返校的校友中周旋。

吴文藻因教学工作的创新和学术研究方面取得的成就,晋升为燕京大学的副教授。

冰心深恐吴文藻的工作过于劳累,假日天气晴朗时,便同吴文藻一起到附近的颐和园散步,他们相挨着坐在昆明湖畔,观赏云影天光。

吴文藻(右)与冰心(左)在北平颐和园

万物宁谧，惟有流云，晶莹的湖泊，
云影缓移，浮泛着舟影。
扁舟轻荡，我用桨儿划破
沉沉的炎热，和迷离的寂寞，
为了辨认：望见的是鸟抑或纤尘，
为了探明：湖畔树林是否苏醒。

晨曦早已微明——弥漫——飘向晴空
又溶于碧波；我久久凝视冷冷的芦苇
影入云天毵毵的水中，凉意更浓；
在这悠悠的时光，物我两忘
远处树丛，斑尾鸽喁喁细语，
我静卧谛听，恍惚置身仙境。

这首英国诗人托马斯的诗，仿佛描述了他们的心境。

有时，冰心还同吴文藻一起到西山卧佛寺观赏古迹，在林荫下漫步，相倚着靠在石栏旁眺望山景。冰心向吴文藻娓娓叙述学生时代在西山参加夏令营活动时的情景。

吴文藻把冰心初到美国时的一张相片放在书桌上，冰心问吴文藻："你真的每天要看一眼呢，还是只是一件摆设？"吴文藻笑说："我当然每天要看了。"有一天冰心趁他去上课，把一张影星阮玲玉的相片，换进相框里，过了几天，吴文藻也没理会。后来冰心提醒他："你看桌上的相片是谁的？"吴文藻看了才笑着把相片换了下来，说："你何必开这样的玩笑？"

吴文藻与冰心在北平西山

1931 年 2 月初,北平依然是个冰雪的世界,苦寒的教职员们都不大愿意离开自己的暖屋,燕京大学的大道上空空荡荡的。只有一辆从燕南园开出来的小汽车,徐徐滑行。出了校门不远,车道就不那么平坦了。倚在柔软靠垫上的冰心,惶恐地皱着眉峰,坐在身旁的吴文藻轻轻地拉着她的手,温柔地说:“别怕,爱,车子开得很平稳的。”冰心点点头。过了一阵子,腹中的小生命又躁动起来了,没有经验的冰心,又有点紧张,吴文藻赶忙劝慰。

到了协和医院,没多会儿就办好了手续,住进了头等病房。护士极有礼貌地进行了规定的检查项目后,一个身穿白大褂、头戴白帽子的大夫,踏着轻快的步子进来了。冰心惊喜地凝视着她,仿佛看到天使降临似的,她有了很大的安全感,隐隐地又有几分羞涩。

这“白衣天使”就是林巧稚。

林巧稚接引来了一个新的生命，她轻轻地托着婴儿的腰，笑着回头对冰心说：“大喜啊，好一个胖小子！”冰心听了，眼珠一转，眼泪涌了出来。放下一百个心似的，疲乏地微笑着闭上了眼睛，嘴里说：“真辛苦你们了！”当护士把婴儿抱给冰心时，她以渴望惊喜的眼光注视着她的儿子，第一次尝到了做母亲的快乐。

医生抱着小孩子，走到门外，一招手，吴文藻从甬道的那端走过来。吴文藻初为人父，两只手要抱又不敢抱似的，用着怜惜惊奇的目光，向孩子注视。医生笑了：“这孩子好吧？”他不好意思似的嗫嚅着：“好！好！”

冰心喂奶的时候，吴文藻侧着身，倚在冰心的枕旁。他们的脸紧挨着，吴文藻注视着孩子。说：“这回看得细，这孩子美得很呢，像你！”

冰心微笑着，轻轻地抚摩儿子的脸：“也像你呢！”

吴文藻站起来，坐到床边的椅上，牵着冰心的手，轻轻地拍着：“这下子，我们可不寂寞了，我下课回来，就帮助你照顾他，同他玩；放假的时候，就带他游山玩水去。——这孩子一定要注意身体，不要像我。我虽不病，却不是强壮……”

冰心点头说：“是的——他也要早早地学音乐、绘画，我自己不会这些，总觉得生活不圆满呢！还有……”

吴文藻笑了：“你将来要他成个什么‘家’？文学家？音乐家？”

冰心说：“随便什么都好——他是个男孩子呢。中国需要科学，恐怕科学家最好。”

冰心和吴文藻并肩教学，当年燕京大学备有校车，专门送教职员、学生进城。冰心总喜欢买一整束的车票，随时应用。无论早晚

1931 年，冰心与儿子吴宗生（吴平）

进城，撕下一张票就行了。1931 年 7 月 16 日黄昏，冰心与吴文藻一起进城，校车开出小镇后，一片空旷，坐在车窗边的吴文藻，侧过头来，压着嗓门说："爱，你看，天边那晚霞……"

冰心扭过头去，西边天际布满了红艳艳的晚霞，间以片片耀眼的金光，衬在深灰色的天宇上，显得格外绚丽、格外夺目。在颠簸的车中，一阵惊喜，涌上心头。她久久地眺望着那迷人的红色，校车驶近西直门，道路转为平坦，两旁店铺疾掠而过，冰心都无心观望。她沉思着，酿成了一首诗——《惊爱如同一阵风》：

惊爱如同一阵风，
在车中，他指点我看
西边，雨后，深灰色的天空，
有一片晚霞金红！

睡了的是我的诗魂，
再也叫不觉这死寂的朦胧，
我的心好比这深灰色的天空，
这一片晚霞，是一声钟！

这一片晚霞是一声钟，
敲进我死寂的心宫，
千门万户回响，隆——隆，
隆隆的洪响惊醒了我的诗魂。

惊爱如同一阵风，
在车中，他指点我看
西边，雨后，深灰色的天空，
有一片晚霞金红。

吴文藻的父亲逝世后，母亲就到北平与他们同住，吴文藻的妹妹剑群和冰心的二弟均到燕大读书，这个家庭便热闹了起来。冰心没有姐妹，吴文藻没有兄弟，这时双方都觉得有了补偿。

春天一个阳光灿烂的上午，冰心和家人都在楼前赏花，吴文藻的母亲让冰心把吴文藻从书房里叫出来。吴文藻站在丁香树前目光茫然又像应酬冰心似的问:“这是什么花?”冰心忍笑回答:“这是香丁。”吴文藻点了点头说:“哦,香丁。”大家听了都大笑起来。

冰心和吴文藻一起进城去看望冰心的父亲。冰心让他到东升祥布店去买一件双丝葛的夹袍面子,送给父亲。吴文藻到铺子里说要买羽毛纱,东升祥的店员感到奇怪,他与谢家熟悉,便打电话问:“您要买一丈多的羽毛纱做什么?”大家都大笑起来,冰心就说:“他真是个傻姑爷!”父亲笑说:“这傻姑爷可不是我替你挑的!”

在燕京大学,冰心和吴文藻不但各有各的学生,也有共同的学生,不但有课内的接触,更多的是课外的谈话和来往。燕南园的吴宅,简直成了学生们的家,他们充分享受了师生间的融洽感情。

学生眼里的吴文藻,方方正正,规规矩矩,是一位诚实可靠的忠厚君子。

学生眼里的冰心,身材娇小,恬淡端庄,浑身表现着大家风范。容貌、声音、言谈、举止及一副坦诚的神色,都吐露着内在的温柔、灵慧、纯洁和善良。

吴文藻对学生非常严格,关心他们的学习,而冰心对吴文藻的学生同样关怀备至。学生们同吴文藻谈完学业后,就去找吴太太,向她倾吐许多生活里的问题,冰心都尽力给他们帮忙。

学生们不论什么时候找到冰心,她总是那么轻松,那么开朗的,说话很风趣。直到半个多世纪以后,笔者访问吴文藻的学生关瑞梧时,她仍能忆起当年的情景:我们几个学社会学的女学生,简直是两三天就往他们家跑,我们看到母亲的家务负担,孩子的拖累,我们都说:“我们将来都不要孩子,我们都约好了……”

冰心反对说:“好,你们都痛快,如果所有的人都像你们这样,远的不说,整个民族,怎么延续下去?就说我们的母亲都这么想的话,那还有我吗？能有你们吗？”说得几个女学生哑口无言，谁也想不出反驳她的话，都觉得她的话既深刻又风趣，全都大笑起来，连在学生面前不苟言笑的吴文藻也发出了笑声。

冰心格外关爱吴文藻的学生谭纫就，时不时就写张条子，让谭纫就到家里谈谈，条子的署名是“师母”。谭纫就的毕业论文，冰心征得她的同意后，就介绍给女青年会出版部付印，使谭纫就得到极大的鼓舞。

毕业时，冰心的学生谭超英获燕京大学文学院的金钥匙奖。吴文藻的学生关瑞梧、谭纫就、郑林庄获得法学院的金钥匙奖。

冰心讲课语言简练、清晰，没有废话，时而穿插幽默的小故事，深受学生欢迎。在课堂上，冰心经常提问，让学生发表自己的见解，课堂的气氛十分活跃。

冰心教的新文学习作，要求学生每周写一篇短文，题目与内容皆随意。她阅后写评语，从中选出写得好的作文，由学生在课堂上朗读，然后由全班同学讨论。

一天，冰心批改完学生的作文后，十分兴奋地对吴文藻说：“我的学生里，有一个新闻系的学生，作文写得相当好，准备选作范文，让大家讨论……”

爱才的吴文藻一听说有脱颖而出的学生，特别高兴，就接着问：“叫什么名字？”

“李有义。”略停片刻，冰心又接着补充说，“他读高中时，白序之曾教过他语文……”

冰心请学生到家里喝茶，李有义也在被邀请之列。冰心把请来的学生一一介绍给吴文藻，由于李有义曾得到冰心的赞扬，引起了吴文藻的特别关注。在同李有义的交谈中，吴文藻了解到李有义生长在晋中。晋中是晋商云集之地，李有义从走南闯北的商人口中，听到过许多关于满族、蒙古族、藏族、回族的种种情况，增长了许多见识。在随后的多次深谈中，吴文藻发现李有义的知识相当丰富，读的书很多，而且面也广，还接触过西方的文化，认为他是学习社会学的好苗子。就同冰心商量，想让李有义学社会学，得到了冰心的赞同，于是吴文藻有意启发李有义改学社会学。李有义被吴文藻说动了心，从新闻系转到社会学系，从冰心的学生转为吴文藻的学生。

李有义转入社会学系后，就听雷洁琼用英语讲授社会学概论。在学习社会学课程的同时，吴文藻要求李有义熟读古文，做个博古通今、贯通中西的学者。

11.倾心的畅谈

1934年春末，冰心接到平绥铁路局局长沈昌的邀请，为了发展平绥铁路，约几位学者到平绥沿线旅行，了解平绥沿线的风景、古迹、美建、风俗、宗教、经济、物产种种的状况，写成导游材料。

沈昌是冰心在美国威尔斯利女子大学时的同窗好友沈骊英的弟弟，当年也在美国哈佛大学留学。冰心深深为他发展平绥铁路事业的抱负所感动，于是，她就约了顾颉刚、郑振铎、陈其田、赵澄诸先生，还有吴文藻以及文国鼐、雷洁琼两位女士，组成了“平绥沿线旅行团”。

7月7日晨，冰心和旅行团的其他成员到达清华园车站时，铁路局准备的专车已经等候在那里了。刚进车厢，就见到一排排整齐的卧铺，一张张明净的书案，旅途用的物件应有尽有，给人以整齐舒

1934 年 7 月，平绥沿线旅行团与傅作义合影。右一为冰心，右二为文国鼐，右三为吴文藻，右五为傅作义，左二为雷洁琼，左三为郑振铎

畅的感觉。行李安排好后，八个旅行团员就在车上的会客室里开会。顾颉刚根据铁路局的要求以及同仁们的专长，提出请陈其田注意沿线经济状况，雷洁琼负责宗教方面的情况，郑振铎留意沿途的古迹，吴文藻观察蒙古毡房的建造特点，文国鼐负责用英文写导游小册子，冰心记载沿途风光，而顾颉刚自己着重了解民族的历史，赵澄担任摄影。

平绥旅行团的这次活动持续到 8 月，前后两次到绥远。

1935 年初，冰心将平绥沿线的见闻，按行程的顺序，写成《平绥沿线旅行纪》。1 月 29 日完稿后，她把吴文藻撰写的《蒙古包》和旅行团其他成员写的小册子，搜集在一起，交给平绥铁路局。2 月，便作为平绥铁路旅行读物出版了。

吴文藻、冰心摄于1935年

平绥旅行团的任务完成后，冰心又抓紧了结一些必要的课务。这年，吴文藻和冰心分别指导沈晶、沈垚两姐妹的毕业论文，6月份就要毕业了，冰心对她指导的学生说："沈垚呀！我看我们把这个论文，赶快做完吧。因为我的Baby快生了。"

"吴太太，我希望您得一个小妹妹。"

"为什么？"冰心笑问。

"您不是已经有一个小弟弟了吗？"

两个人会心地相视而笑。

5月1日，冰心在协和医院由林巧稚接生了一个女孩。因为是在平绥旅行中怀的，取名宗远。

初冬时节，冰心突然收到一封署名子冈的来信，内容是受《妇女生活》之托，要到燕京大学来访问，请冰心定一个时间……

子冈，这个名字对冰心来说是生疏的，她想大概总是《妇女生活》的记者,不好谢绝。

在冰心的会客室里,子冈目光接触到的是样式玲珑的红木家具、沙发、壁上的风景画、古色古香的屏条,白纱窗帘透着微光,桌上放着各种杂志,她便走到桌边翻阅。听到楼梯声响,子冈抬头看到冰心下楼来了,穿着一件黑白格的旗袍,外面罩着褐色短外套,头发在额上两面盖住鬓角,后面挽着发髻,庄重地微笑着。冰心同子冈握手说:“真抱歉,让你久等了!”这瞬间,冰心发现这位来访者椭圆形的脸是红润润的,浓眉下一双大眼睛那样洁净明亮,稚嫩的情态哪像个记者,简直像个刚进燕大的女学生。

冰心让子冈坐在沙发上,两人轻松地交谈起来,从童年生活谈到读书的经历,从教学谈到创作。接着又由书架书桌上层叠的书,谈到文坛现状。子冈提起许多杂志的不长寿……冰心接着说:“我这里杂志算起来倒有三十多种,其实值得一看的也不多,似乎写的东西太陈旧了,杂志办不好是人才问题,如果人才集中一点,销路也不会坏的,虽然读者注意力的转移和购买力的微弱都是原因。我倒觉得在外国书中有许多是可看的,东西都新鲜。”

子冈把话题引向文坛的女作家,谈到丁玲……

冰心赞赏地说:“丁玲,她行!如果她不被捕,一定是了不得的,她有魄力,《水》《夜会》都写得非常好,丁玲是非常男性化的,冒险性大。这是每个人的个性,勉强不来的,我真是比她差多了。我同丁玲在上海时,见过一次面,后来她办《北斗》时,我同她常通信,她约我为《北斗》写稿。她被捕后,我就没有听到她的消息了。我还记得,她曾说‘文章是一分天才九分逼迫’这个话,可惜她现在没有自由来干,可惜!”

“你同庐隐、白薇都很熟悉吧?”

“庐隐的个性是很特别的，比较熟，曾在这里住过一夜。和白薇只通过一次信。我这个人不好交际，只愿意随便地自然地结下友谊，成篇大套的话是说不出来的。”

谈到男作家时，冰心首先想到的是老舍。

“老舍的文章差不多是篇篇有趣的！我同老舍认识，是因着振铎的关系。振铎到燕京来教书后，一个冬天的下午振铎把老舍带到我们这里来的……”这时宗生正在她身边，她拥着孩子，又抬着宗生的脸问：“记得舍叔叔吗，曾和你一块捉耗子？”

老舍第一次随郑振铎到燕京大学来时，郑振铎刚刚给冰心作了介绍，冰心连忙给客人倒茶，当她转过身来，看见老舍和宗生头顶头地跪在地上，找一只狗熊。当老舍把手伸到椅后拉出那只小布狗熊的时候，三岁的宗生高兴得抱住老舍的脖子，使劲地亲了他一口，逗得冰心和郑振铎都笑了。

冰心带着做母亲的欢慰对子冈说：“有了孩子自己不会感到老的，和孩子说话，和孩子玩的时候，自己便也不知不觉地拢在里面了，完全用孩子的思路去看事物，孩子上幼稚园，便似乎自己又上了一次幼稚园。说来说去，要改良社会得先改善家庭，而孩子的教养更是做父母的不能不注意的事。”

略停片刻，冰心便从孩子谈到家庭：“我自己也承认家庭对我是情深的，因为自幼家中便是极融洽的，母亲也是大族人家的女儿，诗词根底有一些。人的性格差不多全靠家庭环境——不是说有钱没有钱——陶冶出来的。我们这里的一些学生里，只要一看便可以推知他们的家庭环境，尤其是女生，有羞怯、活泼、沉静、易怒和啼笑无常等不同的性格，这些都与家庭有关。所以我教课时，头一篇文章总是叫学生写自述，我可以由这里了解他们。家，总是可亲的，所以寒暑假这儿有学生眷恋环境好读书便不回家,我总劝他们回去。”

子冈从女生的性格,机灵地把谈话的中心转到妇女运动问题,问她对妇女回家运动的看法。冰心答道:“目前中国有多少妇女离开了家庭还是问题,根本能从家庭出走的妇女有多少呢?希特勒他们喊这个口号,是为了德国的男子失业恐慌,生怕女子抢掉了男子的地位,中国便整个搬了来,都是怪事。像袁市长力行的男女分校等,居然也分成了,好像都是那么没准儿的。都市中是这样,其实乡村或边疆的妇女呢?真是落后到不知什么程度了,不要说别的,连普及教育和天足都谈不到,还谈什么妇女解放?”

由妇女解放问题,自然地引申到当时正在推行的新生活运动。

当子冈提到各地都在推行新生活运动时,冰心说:“这,都是非常可笑的,这些事按说该由教育部或内政部管理的,而现在……我们到绥远去那次便有这样的笑话:那边小镇上都有赶集的,但在新生活运动推行到了那里以后,有许多乡民竟不敢出来了,因为怕强迫扣钮子,他们本来便习惯敞胸或竟不用钮子的。”

说到这里,吴文藻出来了,他温和地向子冈点点头,然后喊:“婉莹,电话!”冰心站起来,向着宗生:“Baby,找 Daddy 带你玩。”

等冰心接完电话归座时,子冈便问她说:“谢先生,能否请你谈谈你的恋爱观,有人认为,恋爱是无条件的……”

冰心笑了:“决不会一点没有的,无论如何在无条件中还是有条件,否则为什么在许多男与女之间独有两个相互会有好感,会喜欢,会注意呢?这‘为什么’的回答就是条件,至少总有一点是足以引起共鸣的地方。”

“谢先生是过来人,可否谈点经验呢?”

冰心大方地讲:“我和文藻是在出国时的船上认识的……为什

么在许多朋友中独有他会和我好起来呢？就是为了他的率直与真诚，譬如别人初见总是'久仰久仰，拜读过许多大作'那么敷衍，他却不那么着……"

"吴先生对文学也有兴趣吗？"

"他的兴趣很广，除了社会学之外，哲学文学都是他所爱好的，若论读书，他念得比我多得多了，对文学他只看些名作。近来燕京大学社会学系在办清河试验区的农村复兴的尝试，他正忙着这些事……"

"近来似乎您发表的作品较少，是吗？可曾用别的名字发表过？"

"从没有过，近来总没有整个时间来写作，结婚，又跟着那年冬天母亲死了，更有了孩子；孩子来前有许多痛苦，来后又得有许多时候要抚养，他们再大些我就自由了。近来也正在想动手写一点。"

"长的吗？"

"不，短的，这样便容易起头容易完结。"

"对您的作品，一般人认为……"

"总以为我的作品里的人物单纯，特别是多写孩子和母亲，同时更不爱暴露社会的罪恶，我的意思是这社会上的罪恶已够了，又何必再让青年人尽看那些罪恶呢？人就怕那不健全心理的养成，认识了一种坏处，便样样皆然，以致没有一点真诚了。

"若读到人的吃苦，当然是好的，从苦一点的生活经验中会锻炼出一个比温室中生长的人为好的。不过有一些无谓的苦恼是人自己撞来的，像恋爱便是一端，我是个不会玩弄这些事的人，真是太不浪漫了，有人说我是理智很重的人呢。

"至于政治呢，我是较少关心的，因为这和社会学一样，不是说说便了的，得看书，有点根据，我是没有政见的，不论什么党什么派，只要它能领导得好我都信服。只是有许多政纲党纲，看看很通，做起来便不通了。

“人家说我是小姐，是闺秀，我是不承认的，其实有多少人比我小姐气得多了，自问我并没有怎样求生活舒服或是享用什么。人世的黑暗面并非没见到，只是避免去写它，像《冬儿姑娘》是个事实，而事实上比那还要‘厉害’，但我是没去写出来。”

“谢先生，最近有些什么打算？”

“这以后预备埋头写些文章了，还是在小说方面……”

子冈告辞时，心中涌起了感想：这样一个腾着欢笑的家庭，在全中国找得到几个呢？①

12.“扁舟横渡太平洋”

1936年，吴文藻根据燕京大学的规定，完成七年的教学任务后，可以有一年的休假，又获得洛克菲勒基金会的科研基金，出国考察一年，他计划到美国、英国、法国、德国、意大利等国家游学。

冰心除了到美国留学之外，没有到过欧洲的国家，而欧洲大陆、英伦三岛的自然风物、名胜古迹，都是她所向往的。吴文藻出去考察，是个难得的机会，她想随同吴文藻赴欧洲游历。

可是，大女儿宗远刚满周岁，儿子宗生也才五岁，一旦丢下心爱

---

① 子冈：《冰心女士访问记》，《妇女生活》第1卷第5期。

1936年,吴文藻、冰心一家与吴文藻的母亲、侄子合影

的孩子,而且要离开一年之久,心里实在是舍不得,矛盾的心情,不时地流露在言谈之中。

吴文藻总是劝慰她说:“你尽可以放心,有母亲在家里照管,富妈又很可靠,宗生从小由她带大,一直都照料得很好……”

冰心想到从结婚以后,富妈就每天上午来帮着收拾房间,儿子出生后,她就住在家里带孩子,不仅饮食上照料得很周到,而且把孩子打扮得十分雅气,在衣领和袖子上绣上和毛衣颜色相协调的小花,人人见了都夸宗生穿得比谁都整齐。女儿出世后,在富妈照应

1936年7月，吴文藻、冰心赴欧美游学，途经上海时留影

下，长得又白又胖，上课时，富妈用车子把宗远推到穆楼前的树荫下，下课时，教师学生都围着看，谁见了谁爱。把孩子托付给富妈，是不会有什么问题的……

“扁舟横渡太平洋”，对冰心来说，这是第二次了，相隔十三年，情景却是多么的不同啊！上回她是初出茅庐的学子，怀着女儿对母亲的眷恋，独自到那人地生疏的异邦；而今在最亲密的人陪同下，出国游学，心境是舒旷的。

冰心穿着一件入时的旗袍，倚在乘风破浪的船栏上，吴文藻则是一身笔挺的西装，站在她的右边，凝望着宽阔无垠的水面。冰心感到有了稳健的人作为依傍，心里自然是安详、踏实的。她偶然想到许地山常常同她和吴文藻说的那段笑话:“亏得那时的‘阴错阳差’,否则你们到美国后,一个在东方的波士顿的威尔斯利,一个在北方的新罕布什州的达特默思,相去有七八小时的火车,也许就永远没有机会相识了!”真是应该感谢许地山,是他找错了人,才使得冰心和吴文藻在太平洋舟中播种了爱情,经过双方的精心培育、殷勤浇灌,开出了鲜美、清香的爱情之花……

“舱面上风大,你体质又弱,进去休息一下吧。”吴文藻关切地说,冰心轻盈地一笑,为了不拂吴文藻的好意,就回到舱房里来。“我想,趁这次出国的机会,多请几位国外有名的专家来讲学。去年,英国的拉得克利夫·布朗教授到日本讲学,我邀请他到燕京来,开设了比较社会学和社会学研究班的短期课程。他是英国功能学派创始人之一,讲学时间不长,效果还是不错的。他还指导了研究生,担任林耀华的硕士论文《义序宗族研究》的材料组织导师,林耀华还是得到一些教益的。”

对社会学的各种学派,冰心并不熟悉。林耀华是吴文藻的得意门生,常到吴家来,也是冰心所喜欢的学生。冰心总是为吴文藻的成功而感到无比欣慰,她对吴文藻新的打算,总是采取支持的积极态度:“最好是我们去的几个国家,不同的学派,有代表性的都请。”

吴文藻说:“是的,这样可以让学生多吸收一些知识。同时,我考虑到我们国内社会学还处在草创时期,设备和条件都比较差一些,而欧美的一些国家,已经研究了几十年了,有一些较好的经验。故此,除了请外国的学者来讲学之外,还应该选派一些优秀的研究生出国深造。当然,也不能随便保送出去。我根据燕京社会学系的目前情况和发展的需要,派哪一个学生,去哪一个国家,吸收哪一个学派的理论和方法,大体上心里有个谱,这回出去,都要跟学校和导

1936 年 7 月，吴文藻、冰心在赴美的海轮上

师具体联系，一定要做到有目的、有计划、有针对性地选送留学生。”

冰心觉得两人独对，谈话的气氛未免太庄肃了，便笑说：“你的脑子里，除了专业，就是学生，别的什么也装不进去了！”

吴文藻嘿嘿地笑着，笑得那样得意：“当一个教师，只有把学生培养成自己专业的科研和教学的骨干力量，在学科里做出新的成绩，才算尽了教师的职责。你对学生比我管得更细，学费啊、论文啊、就业啊、婚姻啊……”说着两个人都欢快地笑了。

就餐的时间到了，两个人转到餐厅，供应的依旧是西餐。吴文藻胃口很好，把那一份西餐基本上都吃下去了，冰心只勉强吃了一些，就放下刀叉，吴文藻劝她再吃一点，她只是摇摇头。她在快抵达美国时，给郑振铎写了一封信，中间一段写了这样的几句话："感谢你给我们的'盛大'的饯行，使我们得以会见到许多闻名而未见面的朋友……更请你多多替我们谢谢老太太，她的手艺真是高明！那夜我们谈话时多，对着满桌的佳肴，竟没有吃好。面对这两星期在船上的顿顿无味的西餐，我总在后悔，为什么那天晚上不低下头去尽量地饱餐一顿。"

到达美国后，吴文藻和冰心先到中国驻美大使馆。他们乘车来到华盛顿西北区第十九街 2001 号门前，冰心瞥见使馆附近的建筑都显出破落景象，大使馆的房子也是陈旧不堪，心里觉得不是滋味。使馆秘书笑容可掬地接待来自中国的学者，中国第一任驻美大使施肇基按惯例宴请到美国访问的吴文藻教授和夫人冰心。

冰心和吴文藻利用参加哈佛大学校庆的机会，新结识了一些学者。伦敦大学的社会学研究者马凌诺斯基教授，在人类学的研究上取得重要成果，前来受奖。吴文藻同他结识后，因是同行，谈得非常投机。马凌诺斯基教授表示，非常愿意在伦敦再有交谈的机会。冰心又陪同吴文藻会见了耶鲁大学的著名语言学家萨丕尔（E.Sapir）和年轻学者阿伦斯堡博士（Conrad. M. Arensburg），邀请他们到燕京大学讲学和帮助培养实地调查的研究生，他们都答应了。

吴文藻兴奋地对冰心说："实地调查是社会学研究中的重要环节，我们能请到著名学者讲学，培养研究生，对社会学系的建设是很有好处的。单是请外国教授还不够，我们应该把学生送出去培养。哈佛大学是美国最早设立人类学系的一所学校，历史悠久，设备齐全。人类学有四大分支，就是体质人类学、文化人类学、考古学和语

1936 年 10 月 4 日，吴文藻、冰心在美国新泽西与美国友人斯泰莎(中)合影

言学，所有的课程，人类学系俱全。学校里还有民族学博物馆。我想派林耀华来学习。”冰心认为林耀华有很好的进一步深造的条件，赞同吴文藻的安排，便同哈佛——燕京学社的负责人联系，商定派林耀华到哈佛大学攻读博士学位。林耀华在哈佛大学人类学系得到比较全面和扎实的基本训练，获得博士学位后回国，深入到四川凉山等地，认真地进行实地调查，取得了在国内外人类学界有一定影响的成绩，这是几年后的事了。

庆祝大会结束后，哈佛大学又安排吴文藻参观了商学院和商学研究会。

冰心回到慰冰湖畔的威尔斯利大学，教师们热情欢迎她，问她毕业后从事什么职业，问中国的学校教育情况……教授们在威尔斯利大学最大的女生宿舍“塔院”，设午宴招待冰心和吴文藻。冰心给教授们分别赠送了夏布绣花的手巾、台布，以及其他中国的工艺品留作纪念。教授们展看礼物，交口称赞中国工艺品的精致、高雅。

冰心重返威尔斯利大学，最大的遗憾是没有见到曾经给予她无微不至的关怀的宗教系教授 Prof. E. Kendrick，她正在意大利的罗马度假。冰心却收到她的来信，邀约冰心到罗马去，这给冰心欧美之行增加了一个新的国度。

冰心和吴文藻登上新造的玛利亚皇后号，在轮船的中心，找到自己的舱位。安顿好箱子、提包后，略略整了整装束，就走到甲板上来。玛利亚皇后号起锚开航了，冰心眺望着美洲新大陆，暗想，这回离去，不知何年何月再来重访……

横渡大西洋，从北美洲到欧洲，是冰心平生头一遭，她要仔细观看大西洋的水色风光。起航不久，她就体察到水上风起，衣襟飘拂，过了一阵，狂风大作，水面顿时变了颜色，汹涌的波涛冲撞着巨轮，激起高大的水柱，船身就像醉汉一样，左右摇晃着，甲板上的乘客，纷纷逃回舱内。吴文藻紧紧地扶着冰心，进入舱房。风浪越来越大，好像把这艘巨轮掀到了半空，然后又抛到渊底，简直要把钢架铁板组成的船体摔个粉碎。船上的人，有的惊恐万状，有的因晕船躺倒了，不敢动弹。冰心和吴文藻没有被风浪征服，他俩照常到餐厅去，偌大餐厅，除了服务人员，几乎没有就餐的旅客。

使者告诉他们说："这是五十多年来没有遇到的大风浪，好多人都晕船，先生和夫人却安然，真是幸运。"

冰心报以一笑，顺口问道："你们也没事吧？"

"我们常年在这条海道上航行，遇到的风浪可多啦，也就习惯了，但这么大的风浪，我们当中有少数人也倒了。"

冰心和吴文藻正在用餐，狂涛又凶猛地咆哮起来，船身向左舷倾斜，餐桌上的刀、叉、盘子、碗，全都从桌上颠到了地下，有的碎成几片。

玛利亚皇后号闯过了半个多世纪罕见的大风浪，大西洋像被驯服的野牛似的，复归于宁静。冰心望着从舱房出来的人们，个个面色煞白，形容憔悴，尽情地吸着水上的清新空气，向互不相识的旅伴道“晨安”。

轮船驶进英吉利海峡，拐过多佛尔海峡，抵达大不列颠岛的东南部伦敦。

一到英国，吴文藻就想去拜访马凌诺斯基教授。冰心仍带着旅途的倦容说：“什么都没有安排好，那样着急……”

“我们在美国时就约好，在伦敦会面的，所以我们应该先到伦敦大学去。”

吴文藻和冰心按照约定的时间到达伦敦大学，马凌诺斯基教授特别兴奋，仿佛见到老朋友一样，询问他们旅途的情况，又向他们介绍说：“我们这所大学是一百年前在原有的国王学院基础上建立的。那时候，牛津大学和剑桥大学都只招收富有家庭的英格兰基督教徒学生，伦敦大学作出‘向联合王国及其他地方的一切阶级和所有教派开放而不作任何区分’的规定。”

冰心脑子里闪过“有教无类”这句话，她机敏地表示赞赏伦敦大学向所有人开放的办法。

马凌诺斯基教授转向冰心：“伦敦大学还有‘尊重女权’的传统呢！我们学校是第一所给女学生颁发学位证书和最早聘任女教授的大学。”

女权问题是社会学研究的范畴，吴文藻抓紧时间向马凌诺斯基教授叙述中国社会学界的研究情况,在研究工作中已经采用功能学派的理论和方法研究中国文化。教授是英国功能学派的创始人,听了十分高兴,谈起英国民族学研究的新成果。吴文藻讲到中国民族学研究的现状。

马凌诺斯基提起他正在主持一个人类学研究班。吴文藻表示很愿意参加这个研究班,教授说:“非常欢迎!”

吴文藻又向他提出请教授担任费孝通的导师:“费孝通是燕京大学社会学系最优秀的学生之一,已经考上伦敦经济学院人类学专业……”马凌诺斯基教授考虑后答应了下来。

费孝通将《江村经济》资料,用功能分析法写成《中国农民生活》一书。马凌诺斯基教授为这本书写了长篇《前言》,肯定“此书将被认为人类学实地工作和理论的发展的一个里程碑”。《中国农民生活》出版后,国内外学术界都给予很高的评价。

同知名学者谈论社会学问题,吴文藻忘记了时间的流转。在冰心的暗示下,才猛然意识到该告辞了。马凌诺斯基教授将他尚未发表的《文化论》打印稿送给了吴文藻。

吴文藻衷心感谢教授慷慨的赠予,满心欢喜地对冰心说:“今天访问马凌诺斯基教授,得到他的文稿,就不虚英国之行了。”

冰心调侃说:“那英国的其他地方,你都不必去了。”她望着吴文藻满面春风的神态,故意用半怨艾的口气说:“你呀,学术就是一切,可以把什么都忘了……”

英国女作家弗吉尼亚·沃尔夫(Virginia Woolf)获悉中国女作家冰心来到伦敦的消息,就约冰心和吴文藻到她家里喝茶。

冰心和吴文藻进入沃尔夫充满文学气氛的客厅,陈设豪华而精致。冰心看到沃尔夫高高的鼻子上一双微凹的眼睛,富有神采。入

吴文藻(中)、冰心(左一)在旅途中

座后,沃尔夫问冰心,要茶还是咖啡?然后又问吴文藻。他们根据自己的喜好,作了选择。瞬间,中国茶、咖啡、糖和小点心端上来了,宾主就边喝边谈着。

"在伦敦,生活过得惯吗?"沃尔夫关切地问冰心。

"生活倒是顶方便的,就是见不到日、月、星三光。"

"在我们这个雾都,不能早出门。我大多是晚上写稿,早晨睡觉,到我醒来时,雾也就散了。"沃尔夫歇了口气,又问,"你们现在住在哪里?周围环境安静不安静?"

"我们现在还是住在一家旅馆里。刚到伦敦时,就想找一所房子,我就天天翻阅报纸,那天,看到一则广告,说有一座宽大的房屋出租,卧室外带有浴室,还有一个后花园。我看了后,非常喜欢,认为这房子是很理想的住所。我们就照报纸上所列的地址去找,一看之下,大失所望。原来广告登的'后花园',不过是一块豆腐干大的污湿的草地,用篱笆围了起来,篱前放着鸡笼和狗屋!"冰心说着觉得好笑,沃尔夫也笑着说:"广告是不可信的。"

冰心接着讲下去:"我们中国人的后花园,是可以'订终身'的地方,再不济也有一个亭子,几盆花草,几棵树。比如我们老家的后花园,在故乡算是很小的,却也比我所看到的大到几百倍。"

"你的房子后面的花园一定很美的。"

"那是我祖父在南方住的房子,我很小就跟着父母亲到了北方的海边。从那以后,就爱大海。"

讲到大海,又提高了沃尔夫的兴味。大海常常出现在她的作品中,如《海浪》,小说每章前面都有海景的描写。大海是一部读不透的书,它的精深,它的博大,它的神秘,使东亚和西欧的两位女作家,共同沉潜在海的爱恋里。

沃尔夫特地找出她描写大海的著名小说《到灯塔去》,题签后送给冰心。冰心接过书说:"非常感谢!"

沃尔夫又以试探的口吻问:"中国的文坛景气不景气?"

这个问题并非"是"或"不"所能说清楚的,冰心略一思索:"小说比前一阶段多起来了,特别是长篇小说,新文学运动初期很少,近几年相继出来的茅盾先生的《子夜》,王统照先生的《山雨》,巴金的爱情三部曲《雾》《雨》《电》,还有《家》……"

吴文藻无意间把话题从文学转到社会生活:"报纸上披露了英国国王退位的消息……"

"国王自愿退位,把王位传给他的弟弟,现在新国王乔治六世继承了王位。”沃尔夫联想到报纸上关于中国的西安事变的报道：蒋介石由洛阳赴西安，张学良拘捕蒋……由于张学良的张，和蒋介石的蒋，英文拼出来只有一个字母的差别，英国人分不清张和蒋，沃尔夫问道：“在中国西部发生的事件中，究竟是谁把谁劫走了？”

“张是东北军的将领，东三省失守后，到了西北，他主张抵抗日本，是他把蒋介石抓起来了。”吴文藻说得很简单。

沃尔夫忽然转问冰心：“你为什么不写一本自传？”冰心没有料到她会提出这个问题，自己也从来没有这样的打算，就摇摇头笑说：“我们中国人没有写自传的风习，而且关于我自己也没有什么可写的。”

“我倒不是要你写自己，而是要你把自己作为线索，把当地的一些社会现象贯穿起来。比如说，中国的岁时节序，中国大家庭的种种风俗习惯，你把这些都详细地描写下来，这对于我们外国人，一定是很有价值的。你赶紧写，我替你翻译。”

冰心被她这么一说，倒有点动心，就说：“谢谢你，难得你这样热心，我回国后就开始，希望你不厌烦才好。”

冰心和吴文藻在伦敦访问期间，伦敦的报纸和杂志，都刊登了中国著名的社会学家、人类学家吴文藻访问英国的消息。

13.在欧洲各国访问

冰心和吴文藻从不见日、月、星三光的雾都伦敦，乘火车来到阳光灿烂的罗马。这座古城简直就是一个巨型的露天历史博物馆，她

1936年12月，吴文藻、冰心在意大利罗马郊外

惊叹这些古建筑的雄伟。

吴文藻说："古罗马的建筑是突出的，对世界建筑史是作了贡献的，主要是水泥和圆拱的使用。据记载，罗马军团开到哪里，圆拱和水泥就传到哪里。到处都留下了圆形露天剧场、拱形凯旋门、柱廊街道、宫殿式的建筑。这都是靠水泥，才能建造巨大的圆顶和穹隆，再加上大理石盖面，就显得豪华、宏伟。"

冰心笑着说："古罗马的遗迹，衬以一座座的喷泉，飞溅的水花，在阳光照射下，五颜六色，在空中飘扬，有一种飞动的美，与那些圆柱、铜像、石雕，可以说是互相补充。"

"要说动静结合，还有那立在喷泉中央的海神，和两侧象征富饶和安乐的女神……”吴文藻接过话题来。

在罗马城西北角的高地上,是教皇统治的梵蒂冈。冰心和吴文藻在那里观看了宫廷的建筑和各种陈列品。

冰心、吴文藻来到法国巴黎后,中国驻法大使馆的刘汀业来迎接,他对冰心说:“你从罗马来的信,早收到了,你吩咐我给你找房子,我奔走了两个星期,前天才有了眉目,真是意外之缘!一会儿详详细细地告诉你吧!”

冰心舒心地笑答:“太难为你了,多谢,多谢!”

“你的条件太苛,挑房子哪有这么挑法?地点要好,房东要好,房客要少,房东要会讲英语!谁知我偶然和我们的顾大使谈起,他给我介绍了一位女士,是个贵族遗裔,住在最洁静高贵的贵族区——第七区。我前天去见了她,也看了房子,真是‘有缘千里来相会’,这位小姐,绝等漂亮,绝等聪明,温柔雅澹,堪配你的为人,一会儿你自己一见就知道了。”

冰心急不可耐地问:“房子究竟怎么样?”

“房子在第七层楼上,正临着拿破仑殡宫那条大街,以意大利诗人马利亚·希利达命名的,美丽幽静,自不必说。只有一个房东,这位小姐因为近来家道中落,才招房客来帮贴用度,房租伙食略为贵一点,我知道你不在乎这些,我们吃过饭就去看吧。”冰心满意地频频点头。

汽车驰过宽阔光滑的街道,转弯抹角,停在一座大楼的前面,进了甬道,上了电梯,三个人便站在最高层的门边。门铃响过后,出来开门的是个年轻女佣,刘汀业笑道:“小姐在家吗?请你转报一声,中国大使馆的刘汀业带着客人来拜访她。”女佣接过名片说:“请客厅里坐。”

冰心正在欣赏这客厅的陈设和色调,忽然看见从门外走进来一位白发盈头的老妇人,刘汀业笑着介绍说:"这位就是我跟你提过的女作家冰心女士,这位是吴文藻先生。"转身向着冰心说:"这位是德利莎小姐。"

他们彼此微笑着握手后,都靠近壁炉坐下。冰心打量着这位房东:一头柔亮的白发,身上穿着银灰色的衣裙,领边袖边绣着几朵深红色的小花,肩上披着白绒的围巾,长眉妙目,脸上薄施脂粉,也淡淡地抹着一点儿口红。冰心不禁赞叹:真是一个美人!而且她的举止顾盼,有些地方像自己的母亲。

德利莎小姐也不住地打量冰心和吴文藻,同时用极流利的英语和三位中国客人攀谈。他们一起谈伦敦的雾,谈古罗马的废墟。德利莎说:"你们刚刚来到,一定乏了,横竖将来我们谈话的机会多得很,还是先带你们看看屋子吧。"

他们来到客厅后面的那间屋子。冰心看那房子临街开着窗户,陈设很简单,却很典雅,临窗一张大书桌,桌上一瓶茶色玫瑰花,还疏疏落落地摆着几件文具,对面一个书架,下面空着,上面放着精装的英国、法国、德国各大文豪的名著。床边一张小几,放着小桌灯,也是茶红色的灯罩,此外就是一架大衣柜,屋子显得很亮,很宽。

冰心向四周看了看,笑着说:"这屋子真好,正合我们的用处。"

德利莎小姐也笑着说:

"我们这里就是太静一些,马利亚的手艺不坏,饮食也还可口。哪一天,你们要出去用饭,请告诉她一声。或者你们要请一两个客人,到家里来吃,也早和她说,衣服是每星期有人来洗……"

他们一面说着,一面又回到了客厅。刘汀业拿起帽子,笑着说:"这样我们就说定了,我相信你们宾主一定会很相得的。现在我们先走了。晚饭后吴先生和夫人再回来,他们还没去拜望我们的大使呢!”

从房东家出来,冰心满意地笑着,说:“她的岁数恐怕不小了吧?”

刘汀业回答说:“大使说,推算起来,恐怕已在六旬以外了。她是个颇有名气的小说家,也常写诗。她挑房客也很苛,所以她那客房,常常空着,她喜欢租给‘外路人’,我看她是在招致可描写的小说中人物,说不定哪一天,你就会在她的小说中出现!”

“这个本钱,我倒是捞得回来。只怕我这个人,既非儿女,又不英雄,没有福气到得她的笔下。”

到了中国驻法国大使馆,顾维钧大使设宴招待吴文藻和冰心。

初到巴黎,还没有去游览这个世界闻名的花都,吴文藻就急于到巴黎大学访问法国社会学年刊派创始人杜尔干(Emile Durkheim)的继承人——莫斯教授(M.Mauss),冰心欣然陪同前往。莫斯教授热情地接待了中国客人,把自己在法兰西学院的讲稿《民族学方法》打印本给吴文藻阅读。莫斯教授还介绍吴文藻与其他社会学者见面,于是吴文藻又拜访了著名学者布格雷,研究中国古代思想的专家葛兰言。

吴文藻得到了些启发,又阅读了一些国内读不到的资料,就在巴黎增编他的《西洋社会思想史》讲义。吴文藻的《西洋社会思想史》增编工作完成后,便向冰心说:“过几天,我们再到英国去,就到牛津大学,了解导师制的做法,联系燕京大学和牛津大学合作办荣誉学位的讲座,这是这次出来的一项主要事情。”

这时冰心发现自己怀孕了,而吴文藻已安排好到英国去,冰心和吴文藻商量后,决定堕胎。当时堕胎在法国是非法的,大夫向冰心索要两千法郎，这是相当大的数目，显然大夫以为孩子是私生子。

冰心"一气之下"就把孩子留下了。①

冰心对吴文藻说："英国太闷，我不大想去，我就在巴黎等你。"

"你一个人留在巴黎，我怎么能放心呢？"

"住在这里，每天早晨漱洗的热水、早饭都送到房间里来，饭后我到客厅坐坐，让马利亚收拾屋子。我可以安静地看书、写信。想出去逛，有两个留学生陪着，房东又照顾得那么周到，即使有什么特殊的事情，还可以找刘汀业，你尽可以放心地去。我倒是担心你自己一个人，生活没人照料……"

"只要你好好的，我是没有问题的。在美国留学时，一个人也过来了。当然，这些年，就全倚赖你了。"吴文藻满意地笑着。

在巴黎，一清早，冰心不吃早点，只带一块巧克力，走到罗浮宫去，坐在台阶上静静地看宫里大圆花坛里栽的红、黄、白、紫四色分明的郁金香，朵朵鲜花上都挂着露珠，闪闪发光……

黄昏，冰心就到巴黎著名的香榭丽舍大街，在街旁的咖啡座上，一边啜着咖啡，一边看着街上来来往往的法国妇女。冰心看到她们穿着浅青或浅红色的称身的连衣裙，戴着和衣服同色的帽子，帽子上缀着同色的花。年纪轻的，也不施脂粉，焕发出自然的容光；年纪大点的，也不浓妆而是淡抹。观赏法国女人的衣着打扮，冰心感到眼睛和心都极舒服，不禁暗自赞叹：法国的女人真俏！

冰心不外出的日子，就在屋子里看书、写信、记日记，详详细细地写下在法国的见闻和感受，积累创作的素材。有时也到书房里同

① 吴青：《我爱妈妈冰心》，载《冰心与江阴》第90页，中国文联出版社，1999年10月版。

房东德利莎小姐闲谈。

冰心把皮夹里父亲、母亲的相片递给德利莎,她看看照片,又望望冰心:"你很像你的母亲!"

"我的母亲是一位非常善良、非常温柔的女性,她把全部的爱都给了丈夫和儿女……"

因着冰心无意间提到自己的父母,引出了德利莎小姐的家世:"我的父亲做过驻英大使,我小时候曾经在英国住过十五年。后来父亲又被政府派到远东殖民地做总督,我又在远东住了八年。我的母亲是一个多才有德的夫人,只是身体过于单薄,其实都是被一家人累的。我有三个哥哥,常闹病。两个侄子,都在上次欧战时阵亡。只有一个侄女,嫁了,有两个孩子,住在乡下。到夏天,我常常到她家去住,她也常带着孩子进城来看我,我喜欢小孩子。"

"你既然喜爱孩子,为什么当初不……"冰心怕因自己失言引起对方不悦,下半句话没有说完,便打住了。

德利莎猜到她要问的问题,温柔地说:"我是'人性'中最'人性'、'女性'中最'女性'的一个女人。我愿意有一个能爱护我的、温柔体贴的丈夫,我喜欢有个完美的家庭。我知道我若有了这一切,我就会很快乐地消失在里面去,但正因为我知道自己太清楚了,我就不愿结婚,而至今没有结婚。"停了停,又说,"你觉得奇怪吧,待我慢慢告诉你,我还有一个毛病,我喜欢写作!"

冰心连忙说:"我知道,我的法文太浅了,但我们的大使常常提起你的作品,我已试着看过,因为你从来没提起,我也就不敢……"

"你又离了题了,我的意思是一个女作家,家庭生活于她不利。"

"假如她能够……"

"假如她身体不好……一个男人结了婚,他并不牺牲什么。一个身体不健康的女人结了婚,事业、健康、家务必须牺牲其一！我若是结了婚,第一牺牲的是事业,第二是健康,第三是家务……”

德利莎小姐坦诚的倾吐,在冰心平静的灵海里激起了波澜,她联想到自己结婚以后,为了建造一个和美的家庭,用上了百分心思、百分精力,为了吴文藻的事业,为了儿女的教养,整日忙忙碌碌,却难得静下心来创作。

这些苦处,怎能对一个为了写作放弃了青春的欢乐,牺牲了爱情,牺牲了家庭幸福的一代名媛诉说呢？冰心沉默着。

德利莎为母亲因为家庭而牺牲了绘画而惋惜:“我母亲的事情,真够写一本小说的。你看见过英国女作家 V.Saekville West 写的《All Passion Spent(七情俱净)》吧?”

“看过了,写得真不错。不过,小姐,一个结婚的女人,她至少有了爱情。”冰心仿佛自慰似的。

“爱情？这就是一件我所最拿不稳的东西……夫妻关系,是种最娇嫩最伤脑筋的关系,而时光又是一件最无情最实际的东西。等到你一做了他的同衾共枕之人,天长地久,嗬！天长地久！任是最坚硬晶莹的钻石也磨成了光彩模糊的沙颗,何况是血淋淋的人心?女人终究是女人,在她最悲哀、最柔弱、最需要同情与温存的一刹那,假如她所得到的只是漠然的言语、心不在焉的眼光,甚至于尖刻的讥讽和责备,你想,一个女人要如何想法?”冰心正要说话,马利亚进来说:“小姐,晚饭开齐了。”

倾心的交谈,使两颗聪敏、易感的心靠得更近了。德利莎更是像母亲一样,无微不至地关心她。那时,冰心因怀孕的反应,见了水就头晕。每当冰心沐浴时,德利莎总是站在浴室的门口,静静地等候着,直到冰心浴后出来,她才放了心,回到自己的书房。

1937 年春，吴文藻（后排左二）、冰心（前排左二）与友人在瑞士日内瓦的莱蒙湖畔合影

冰心在巴黎度过了极明媚的春天。吴文藻从伦敦回到巴黎后，他们便离开法国，前往柏林。德利莎小姐送到车站，还为冰心准备了一个筐子，里面装着一顿精美的午餐、一瓶好酒，一本平装的英文小说《七情俱净》。

吴文藻和冰心到达柏林时，德国已经建立起法西斯专政的统治，阿道夫・希特勒充任帝国总理，约瑟夫・戈培尔充当帝国人民教育宣传部长。法西斯分子把犹太出身作为罪状，加在科学家、诗人身上。利用反犹太主义，欺骗人民群众，把社会渣滓挑动起来。吴文藻和冰心在访问柏林大学时，特地去拜访了一位犹太出身的社会学教授，以此来表示对种族歧视的不满。

在导游的陪同下，冰心和吴文藻参观了柏林的名胜古迹。直到游览结束时，才知道这位热情的导游是德国保安处长的儿子。

在德国的学术访问将结束时，吴文藻和冰心考虑下一个行程的路线。从柏林到莫斯科，无疑是顺路的。但吴文藻却主张先到列宁格勒去，因为他想看一看那里的民俗博物馆。

“只是列宁格勒在北，莫斯科在南，要绕道。”

“那我们就从北到南，先到列宁格勒，然后从莫斯科直接回国。你看怎么样？”

“这样走，无疑要比先到莫斯科路要顺些，省得两进两出莫斯科。”冰心作了决定。

冰心和吴文藻从列宁格勒来到莫斯科，当他们见到中国驻苏联大使馆的一等秘书时昭瀛的刹那，都感到很意外。

彼此亲热地问候过，时昭瀛望着冰心：“听说你们到欧洲游历，路过苏联，要在莫斯科停留几天，我真高兴，好多年没见了。”

这不期而遇，吴文藻感到“他乡遇故知”，就随便问：“你什么时候到苏联来的？”

“蒋廷黻出国考察时，从欧洲到苏联，在莫斯科住了三个月，他锐意观察苏联，去年10月，他出任驻苏大使，邀我一起来，我就跟着来了。”

“我回国在清华兼课时，蒋先生从南开大学到清华来，是清华历史系主任。”

“他也是哥伦比亚大学的博士呢！”

“我到哥伦比亚时，他早已毕业了。”

时昭瀛像突然想起什么，说：“你们两位先坐一下，我先去安排一下。”

时昭瀛出去后，吴文藻说：“时昭瀛在清华学堂时，比我高一班。他聪明，成绩好，英文老师就对他特别器重。毕业时，同学们认为他词锋捷利,擅长演讲,以选政治学、国际法为好。他感到自己国文根底浅,跑到西山,住在卧佛寺,苦读古籍。后来顾一樵、翟毅夫、梁实秋组织小说研究社,闻一多又建议扩充为清华文学社,吴景超、朱湘也参加,时昭瀛也加入成为会员。他还担任过清华学生会主席。”

“我跟他是在美国认识的,他从芝加哥大学转到哈佛研究院之后。”冰心说着,回忆起了一件往事:时昭瀛曾经将她在《晨报副刊》上连续发表的《繁星》《春水》一天天地剪下来,集中到一起,裱成一个长轴。到美国留学时,随身带到国外。他同哈佛大学的中国留学生一起,到威尔斯利女子大学看望冰心,参加“湖社”的活动,在慰冰湖畔,他把《繁星》《春水》长轴,送给冰心,口称“献给女诗人”!

交谈间,时昭瀛回来,说大使就要来看他们。只见蒋廷黻端正的团脸中央,大鼻梁上架着眼镜,眉毛又浓又粗,头发梳理得油光滑亮,俨然一派外交官的风度。

苏联对外文协得到中国女作家冰心到达莫斯科的消息,特地派了两位懂英语的女士陪同冰心游览莫斯科。

苏联对外文协宴请中国女作家冰心和吴文藻教授。在宴会上,冰心初次见到了苏联的几位女作家。

冰心和吴文藻途经新西伯利亚回国。进入山海关,一个在铁路上工作的前燕大学生悄悄说:“这边已经接到通知……《奉天日报》登了一篇《女诗人游赤都》,路上千万小心。”说毕就匆匆离去。

车抵北平车站,家里许多人都到车站来接,远别经年,见到亲人,有说不尽的欢喜。

第三章

14.不知熬过了多少烦乱的日子

卢沟桥事变使吴文藻、冰心震惊、愤怒。

燕京大学的教师们在惊惶不安中观望着事态的发展,想方设法打听来自各个方面的消息。

1937 年 7 月 28 日清晨,十六架日本飞机在晓光熹微中悠悠地低飞而来,在燕京大学校园附近的西苑兵营,投下了三十二颗炸弹。那一声声巨响,把幽静的燕园震动了,校园里人人惊恐万状,怒火中烧。

没两天,从清华那边传过来最痛心的消息,北平城已经陷于敌手,北大和城里其他大学的一些学生,都撤到清华园来了。

冰心愁容满面,苦苦地思索着,在这危难的时刻,该怎么办?

北大、清华的师生纷纷撤离北平。

燕京大学怎么办?司徒雷登凭借美国做后盾,决定留在北平。要求教师们都留下来,照旧开学。

吴文藻、冰心 1937 年 6 月在北平西郊卧佛寺

吴文藻原是清华的学生，他仿佛失群的孤雁。可是，冰心又怀着身孕，即将临盆，行动已经很不方便，怎耐远途跋涉、颠沛流离？吴文藻担任的课程也得继续讲授。经过反复商议，只得暂时留在燕京，等孩子生下来后再作计议。

一天，吴文藻指导的两个学生朱南华和方绰来到吴宅向导师提出，迫于目前的形势，不得不暂停学业，要到后方去。吴文藻顶喜欢这两个学生，他们是从三四年级学生中挑选出来成绩优秀的，给予了特殊的指导。吴文藻为他们放弃学业深感可惜，但是，为了国家、民族的前途，为了抗战的早日胜利，他毅然支持学生到大后方去。可是当时燕园之外，各处关口都有日军，他们无法到达规定的地点。

1938 年冰心与小女儿吴宗黎(吴青)

学生深知冰心在燕京大学的声望,请她设法帮助他们二人逃脱虎口。

冰心来到幽雅的临湖轩,司徒雷登依旧是那样亲切、慈蔼地接待她。冰心以商量的口气问司徒雷登,是否可以用您的小汽车把这两个学生在夜里送到西郊……司徒雷登慨然答应了。冰心告辞出来后,带着雄豪的心情,在这艰难时世,能为自己的国家做点有益的事情,也是莫大的宽慰。

1937 年 11 月 9 日,冰心临产,林巧稚接引着新生的小生命,笑对脸色苍白的冰心说:“我们的孩子是个女的! 我们又多了一份抗日的力量!”软弱无力的冰心微微地一笑,眼泪却簌簌地流了下来。

1938 年北平的春天是忧郁的、烦乱的,冰心盼望着早日把侵略军驱出国门，但这个希望总是一次次地幻灭。吴文藻总觉得留在燕京大学等待抗战的胜利不是个好对策，必须设法到后方去。经过多方联系，在几位清华同学的努力下，英庚款在云南大学设置社会人类学讲座，同意请吴文藻担任讲座的课程。冰心和吴文藻果断地作了决定，这学期一结束，就离开北平。

司徒雷登得到吴文藻和冰心要离开燕京大学的消息，便加以挽留，说："你是社会学系的台柱，怎么能走呢？燕大今年还要招收新生……你在这里教学，并没有受到日本人的干扰，到云南去，也是讲课，还是留下来吧，我非常需要你的合作。"

"作为中国人，不能上前线，应该到后方去，为抗战尽一份力量。我们决定暑期一开始，就离开北平。"吴文藻冷静地回答说。

"燕京大学继续办下去，也是中国政府的主张。我曾经到过武汉，见了国民政府的教育部长陈立夫，陈先生再三谆嘱说：'燕京大学一定要在华北坚持下去。'因此，你们还是不要离开，免得扰乱了人心。"

相对沉默了片刻，司徒雷登意识到他的一番挽留的话语尚未说服面前这位忠实而坚强的中国教授，便又改变语气说："你不必现在就答应留下来，离放假还有一段时间，可以再考虑考虑。"

尽管司徒雷登再三挽留，冰心和吴文藻的决心没有丝毫改变。经过粗略的筹划，家里的东西能送人的送了人，可以捐献的捐了，剩下的卖了，只保留一些最宝贵的物品收拾起来。冰心素来体弱，学生们主动前来帮她整理。冰心将吴文藻二十年的日记和自己留美三年的日记，以及她和吴文藻六年间的来往信件，请学生分别包得整整齐齐，装了满满一箱。接着冰心将母亲、朋友、许许多多不知名的"小读者"的来信，捡到一起，然后捆好，放在书信箱里。特别是她

1938年夏，冰心、吴文藻全家在燕京大学燕南园住宅前留影

的父亲年轻时，在海上工作中给母亲写的信和诗，冰心珍重地收在书信箱里。还有许多中国和外国的作家，如鲁迅、茅盾、巴金、老舍、丁玲、苏雪林、凌叔华、泰戈尔、沃尔夫……签名赠送的书，学生们都帮她一本本登记下来，按顺序装进书箱内。

不知熬过了多少繁乱的日子，冰心终于收拾好主要的东西，她把那些舍不得带出去流亡冒险的艺术品、纪念品，连同吴文藻多年来所编的几十布盒的笔记、教材，寄藏在燕京大学课堂的阁楼上，郑重地锁好，贴上了封条。

燕京大学的学生都舍不得他们敬重的两位老师离去，来吴宅送行的学生络绎不绝。师生间都怀着浓重的惜别之情。社会学系的学生送来了吴雷川校长写赠的一幅字，吴文藻和冰心都非常兴奋，立即展开，只见上面是用端谨秀润的笔迹写的清词人潘博的《金缕曲》：

悲愤应难已，由此时绝裾温峤致身何地，莫道英雄无用武，尚有中原万里，胡郁郁今犹居此，驹隙光阴容易过，恐河清不为愁人俟，闻吾语，当奋起。　　青衫搔首人间世，叹年来兴亡吊遍残山剩水，如此乾坤须整顿，应有异人闲起，君与我安知非是，漫说大言成事少，彼当年刘季犹斯耳，旁观论，一笑置。

词后还有吴老的一段话：

文藻先生将有云南之行，燕京大学社会学系诸同学眷恋师门，殷殷惜别，谋有所赠，以申敬意，乃出此幅，属余书之。余书何足以当赠品，他日此幅纵为文藻先生所重视，务须声明，所重者诸同学之敬意，而于余书不相涉，否则必蒙嗜痂之诮，殊为不值也。附此予言，藉博一粲。

廿七年六月　杭县吴雷川并识

大家都默默地体味着这首词深刻的含义，吴雷川校长表达的心愿。吴文藻由衷感激学生的好主意，临行获得如此珍贵的纪念品，大家异口同声称赞吴雷川校长的品德和为人。

临走那天，冰心回到城里的家辞别。冰心明显地察觉到，经过一年的国难，父亲衰老多了，长期海军生涯养成的威武的神态消失了，代之以老者的龙钟。但在女儿全家远行之日，他虽然满心伤感，却只一再叮咛：路上要处处小心，注意身体，到了那边，就来封信……接着他郑重地点了一炷香，插在逝去的妻子杨福慈的遗像

1938年,吴文藻(左三)、冰心(左四)在上海与郑振铎(左五)等合影

前,祈求她保佑心爱的女儿全家一路平安。此情此景,冰心已经无力自持了。

大弟为涵送冰心一家到火车站,临分手时,他只是泪汪汪地一语不发,倍增伤感,使冰心永远也忘不了那一对伤离惜别的悲痛的眼睛!

在拥挤不堪的硬座车厢里,大女儿宗远坐在冰心的腿上,小女儿宗黎坐在富妈的腿上,宗生随吴文藻和婆婆坐在对面。中间放个大篮子,装满了婴幼儿离不开的奶瓶等杂物。

旅途的困顿难以尽述,到达上海后,因恐老年人经受不了下一段行程的颠簸,吴文藻同妹妹商量后,让母亲留在上海,和妹妹住在一起。他们改乘轮船去香港,再乘船到安南(今越南)的海防,然后再坐小火车去昆明。

15.山路上传来"嗒、嗒、嗒"的马蹄声

吴文藻、冰心到达昆明后,住进螺峰街。冰心打开衣箱,取出罗常培夫人托带的一大包寒衣,先托人将这一包衣服送到柿花巷,交给罗常培。罗常培得知吴文藻一家已抵达昆明,就同陈雪屏先生一起到螺峰街来。

罗常培是吴文藻在七八年前认识的,基于对社会科学的兴趣,在青岛开会时一见如故。罗常培是宛平人,见到来自故乡的老朋友,详尽地询问北平的种种情况,听到日本铁蹄蹂躏下的北平人民的惨状,无比悲愤。他初次结识久已闻名的冰心,十分兴奋。他的言论风采,给冰心留下了良好的印象,从此罗常培成为吴家的常客。

昆明柿花巷里,住着西南联大的三位教授:联大的总务长郑天挺,常务委员会的主任秘书杨振声、罗常培。三人住在一起,自称"三剑客"。

冰心到柿花巷回访罗常培,给"三剑客"的寓所带来喜乐的气氛。经罗常培介绍,她认识了郑天挺;而杨振声曾经同在燕京大学教书,是故友重逢,话题就更加丰富多样了。

冰心的双目在室内环扫了一周,这教授的住宅实在太简陋了,只有摆在书桌上的笔墨是知识者的鲜明标志。她笑问:"你们现时还常写字?"

"课余闲暇时随便写写。"

"我下次再来,你们教我写字……"

“岂敢！岂敢！”三位教授都笑起来。

“你要是想学速记，罗先生是专门学过的，他一分钟能记一百四十个字……”

“现在几乎都忘记了，脑子里想的尽是语言学的问题。中央研究院历史语言研究所和北大文科研究所，都搬到昆明来了。云南民族多，语言资料丰富，是个很有利的条件，语言工作者就应该鼓起勇气做个拓荒者，去开发这块黄金地……”罗常培说着，显得格外兴奋。

“真是三句话不离本行！”冰心联想到那次吴文藻从青岛开会回来，谈到外出的情况时说，“我在青岛认识了一位北大语言学教授罗莘田，我们在海边谈了半天的话……”他们所以谈得那么投机，因为他们都是热爱专业、潜心研究学术问题的执着的学者。

冰心要学书法并非戏言。她果真到柿花巷来，认认真真地请“三剑客”教她写字。当她低头书写时，常常遇到“罗门弟子”——吴晓铃、马学良等来找罗常培谈话。冰心从旁听着，在他们认真严肃而又亲热体贴的言谈之中，看到罗先生对自己的学生要求是十分严格的，同时也看出了他们师生间最可贵的志同道合的情谊。

吴文藻和冰心常请在昆明没有家的“三剑客”和其他教授过周末。从香港带来的瑞雯，在刘放园家学做了一手好福建菜，客人们大饱口福。吴文藻和罗常培总是大谈文字语言，若是没有人制止，可以谈个通宵。吴文藻常对冰心谈到，他非常敬佩罗先生对学生们在治学和生活上那种无微不至的诱掖和关怀。

冰心对吴文藻说：“我知道怎样来招莘田生气。他是最‘护犊’的，只要你说他的学生们一句不好，他就会和你争辩不休……”罗常培听了不好意思地笑了起来。

在烽火连天的昆明，日本飞机不断地侵入、侦察、轰炸，人们纷纷疏散到郊外去。

呈贡县在昆明东南部，有昆河铁路经过境内，顿时成为人们云集的地方。西南联大、云南大学的教师们的眷属，都转移到呈贡来，冰心一家也迁到呈贡。县城里再也找不到住房了，只有华氏墓庐还空着，但墓庐的主人说，这是华氏的祠堂，不让别人住家，许多人只好另作打算。呈贡县政府找到墓庐主人说："女作家冰心到了我们呈贡，找不到房子，没地方住……"主人立即应允了。

冰心和富妈带着三个孩子，迁到呈贡。而吴文藻仍留在昆明，继续人类学的讲座，同时筹建云南大学的社会学系。华氏墓庐建在呈贡山上，冰心把这个山居称为"默庐"，谐音且寓主人沉潜之意。

冰心迁居呈贡，西南联大未带眷属来昆明的教授们，每到周末，总喜欢到呈贡来过星期天。星期六的黄昏，学校放了学，冰心估摸着从昆明开来的火车已经到达，再加上从火车站骑马进城的时间，她就带着孩子们走到呈贡城西门的城楼上，耐心地等待着吴文藻和他带来的客人。

山路上传来了"嗒、嗒、嗒"的马蹄声，这是吴文藻回来的信号，一阵欢喜涌上心头。这时宗生就朝着城楼下，大声喊道："来将通名！"宗远也随着喊："来将通名！"

"吾乃宛平罗常培是也！"

宗生和宗远都拍手欢呼起来，小宗黎也跟着拍起小手来。

吴文藻和客人的到来，使全家上下欢腾。富妈和罗常培同是满族，对罗先生倍感亲切。冰心迫不及待地询问他们在昆明听到的新闻。罗常培看到富妈在厨下手忙脚乱做着北方的饭食，而孩子们还缠着她不放，他就拉起孩子的手说："来，来，我带你们到山上玩去！"

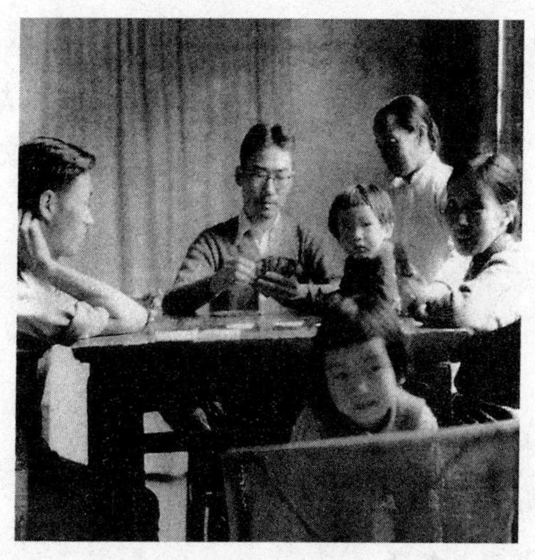

1939 年罗常培(左一)到云南呈贡默庐与吴文藻(中)、冰心(右一)共度周末

孩子们都高高兴兴地跟着走了,到了山下积水池边,他就教孩子们“打水漂儿”,孩子们乐得不想回家。

餐桌上,无论是烙饼、饺子、炸酱面,罗常培都感兴趣。冰心总觉得他不是在吃饭,而是在回味他的故乡的一切。其实何止罗常培,人人都在想着北平。谈锋往往引到北平,有人说最想的是北平大觉寺的杏花和香山的红叶,有的提到北平的烧鸭子、涮羊肉的独特风味,有的说思念着北平的故宫、北海……客人们想到北平的种种,冰心的脑子里也时时在盘绕着,她也和大家一样想着北平。在谈话中,她的心灵时刻在自警说:“不,你不能想,你是不能回去的,除非有那样的一天!”

僻静的华氏墓庐,从冰心住进去后,就时时是“谈笑有鸿儒”。清华大学校长梅贻琦,这时在昆明担任西南联大的常务委员会主席,与北大、南开的校长,共同主持校务,也曾偕夫人与清华的教授们到呈贡过周末。梅校长到默庐,大家坐在一起谈战事,谈西南联大的教育,谈一些教授专心治学闹出的笑话。冰心联想起吴文藻办的那些“傻事”来,就顺手取来纸笔,写了一首嘲笑吴文藻的宝塔诗:

马
香丁
羽毛纱
样样都差
傻姑爷到家
说起真是笑话
教育原来在清华

她递给梅校长,哪里想到梅贻琦看后笑着接写了两句:

冰心女士眼力不佳
书呆子怎配得交际花

在座的清华同学看了梅校长续写的两句诗,都笑得很得意。这些苦中作乐的趣事,点缀了抗战中的艰难生活。

1940 年夏,吴文藻乘飞机赴重庆,参加农建协进会的会议。第二天,冰心给燕京大学毕业的学生周叔昭写信说:“我们也是对于我们的环境万分知足,生活比天还高,可是我们的兴致并不因此减低,从前是月余吃不着整个的鸡,现在是月余吃不着整斤的肉(一斤肉一元六角),我们自慰着说‘肉食者鄙’,等到抗战完结再作‘鄙人’罢……文藻昨天飞渝,赴农建协进会,假如他这次不到贵州,再假如他下次是坐火车去,我就希望到你小家里去喝一杯贵州酒。”

从这“乱离中的音讯”里,可以看到由于物价暴涨,冰心靠吴文藻一个人的薪金维持一家人的生活,日子过得很艰难。但是她精神上却是相当充实,她为当地的事奔走,忙,使她更富有生机;家,给了她温馨的慰藉。在另一封信里,她情不自禁地写道:“文藻身体还好,这人我越来越佩服他,很稳,很乐观,好像一条牛,低首苦干。”孩子们活泼天真,无忧无愁,宗远聪明,开始学着认字,宗黎像一只扯着满帆的船,到处驶,到处触礁,可是一天总是笑嘻嘻的,给冰心和吴文藻的生活增添了许多乐趣。

吴文藻因工作需要,要到贵阳去,他把梁实秋的来信寄回呈贡,让冰心作复。同时在信中又嘱冰心为顾一樵写一条横幅。

冰心写道:

> 别离碎我为微尘,和爱和愁,病又把我团捏起来,还敷上一层智慧。等到病叉手退立,仔细端详,放心走去之后,我已另是一个人!
>
> 她已渐远渐杳,我虽没有留她的意想,望着她的背影,却也觉得有些凄恋。我起来试走,我的躯体轻健;我举目四望,我的眼光清澈。遍天涯长着萋萋的芳草,我要从此走上远大的生命的道途!感谢病与别离。二十余年来,我第一次认识了生命。
>
> 庚辰元月默庐廊前书应
>
> 一樵先生清嘱
>
> 冰心时客云南呈贡

冰心意外地收到宋美龄的来信。宋美龄以威尔斯利女子大学同学的名义,向冰心表示关切和钦慕之情。并说,现在全国都在抗战,你躲在昆明,不抗战。应该赶快到重庆来,参加抗日工作……

沉潜、宁静的心海,被突如其来的石头激起了波峰:身为中国人,就应该为抗日战争奉献出自己的力量。

与此同时,吴文藻的社会人类学讲座受到了干扰,课程无法继续下去,同英庚款委员会派来的研究人员共同进行的研究工作也停止了。在重庆工作的清华同学顾一樵、浦薛凤等,都来信动员他到国防最高委员会参事室担任研究工作。于是,冰心和吴文藻决定离开云南,到重庆去。

16.歌乐山的潜庐

"快到重庆了!"冰心兴奋起来,啊,到了"战时的首都,支持了三年的抗战,而又被敌机残忍地狂炸过的"重庆。她倚着圆窗往下看:林立的颓垣破壁,上上下下的夹立在马路的两旁。她向着眉峰紧锁的吴文藻说:"这是敌人残暴与国人英勇的最好的纪录!"

"大后方的城市,都炸成这样,日本人实在太……"

吴文藻见到来接的友人,欢喜地招呼。冰心看到浦薛凤、顾一樵都瘦了,在波士顿时的潇洒神韵所余无几了。刚近中年,都有点显老了,然而并不颓倦,他们争着告诉冰心和吴文藻重庆的种种:

"这里气候不好,跟昆明没法比,夏天热得难受,冬天阴冷。雾又多,难得见到太阳。"

"我们最讨厌的是空袭,警报一响,就赶快进防空洞……"

冰心坦然说:“为了抗战,我们也是什么都可以将就的。”

浦薛凤接着感慨地说:“目前在蜀都,找房子实在难,像样点的房子,都早已挤得满满的,住房成了非常伤脑筋的问题,我们曾多方设法,实在找不到合适的房子。幸好他的‘嘉庐’可以让你们一家先住,再想办法找……”

到了“嘉庐”,顾一樵把他们带进一间屋子后,告诉冰心说:“楼上是驻苏大使住的……”顾一樵担任教育部政务次长,家也全都迁到重庆来了。

浦薛凤却独自在重庆的国防最高委员会参事室工作,眷属先留在北平,继返江苏常熟。浦薛凤假日常到“嘉庐”走动,对这一带很熟悉,便对冰心、吴文藻说:“这里是重庆的热闹地区,交通很方便的……”随后话题一转:“国防最高委员会实际上是战时最高权力机构,论地位,跟国民政府平行,但可以指挥五院,且统一而又统率党政军。唯是军有军事委员会,党有中央党部,政有国民政府。事实上,国防会只管政。一切立法原则必须先经过国防会通过,再交立法院完成条文。我们这些参事分别参与各个专门委员会,因为提出国防会的法律原则草案,要先经过专门委员会的审查与通过……你到参事室就管边疆的民族、宗教和教育问题的研究,这都属于社会学研究的范围,都是你感兴趣的问题。参事室里几乎都是我们清华的……”

友人告辞后,冰心忙根据“嘉庐”的具体条件,安顿这临时的家。

不久,冰心迁居歌乐山林家庙五号。

吴文藻在国防委员会参事室上班,依然住在顾一樵的“嘉庐”里,每到星期六才回到歌乐山的家。冰心便把这幢房子名为“潜庐”。

"潜庐"是一座向东的土房子,大大小小共有六间。冰心安排了各个房间的合理用场,将东边的那间屋子辟为书房,买了几个竹子制成的书架,放上书籍报章,安了两张书桌,摆上笔墨纸砚。西墙下架着一张床,亲友上山来,可以作为客室。

歌乐山居,清幽而不寂寞,文艺界的朋友经常登山造访,吴文藻的清华同学,也常上山来共度周末。

窗外的山径上传来了老舍豪放的笑声,冰心迎了出来,他们就无拘无束地谈"文协"的工作,谈作家们的近况。会心的畅谈,不仅给山居的冰心带来许多新的信息,而且使她感到极大的愉悦。

老舍先生第二次上歌乐山时,带来了一幅诗笺,冰心展开一看,是一首律诗——《贺冰心先生移寓歌乐山》:

敢为流离厌战争,
乾坤终古一浮萍。
茅庐况足遮风雨,
诗境何妨壮甲兵。
移竹渐添窗影绿,
飞苍时映彩霞明。
鸟声人语山歌乐,
自有文章致太平。

冰心读后,非常喜欢,一再称赞这首好诗,并由衷地感激老舍先生为她上歌乐山特地写的诗。

浦薛凤也送来了一首贺诗:

眼看乾坤一掷争，
不辞万里作长征。
文章早定千种价，
经济方驰四海名。
买得新居更放胆，
来寻旧雨尽多情。
山中应有故园梦，
汉月清华照燕京。

婉莹文藻卜居歌乐山潜庐书赠俚句以博一粲

浦薛凤

辛巳春日

炎炎夏日的午后，老舍、郭沫若、冯乃超结伴上歌乐山。冰心见到郭沫若和冯乃超到她的“潜庐”来，格外欣悦。请他们坐在门外的万树浓荫之中，遥望蜿蜒如带的嘉陵江，亲切地交谈起来。

郭沫若关切地问冰心的健康状况，冰心告以只是经常咯血，医生说是没有生命危险，但病发时就得躺下休息。之后，谈锋就转到战事和文化界的情况。

几天之后，老舍送来了郭沫若写的一张条幅，冰心展开，只见上面龙蛇飞舞的劲笔书写着一首五律：

怪道新词少，病依江上楼。
碧帘锁烟霭，红烛映清流。
婉婉唱随乐，殷殷家国忧。
微怜松石瘦，贞静立山头。

后来老舍又写了赠送吴文藻、冰心的诗：

中年喜到故人家，
挥汗频频索好茶。
且共儿童争饼饵，
暂忘兵火贵桑麻。
酒多即醉临窗卧，
诗短偏邀逐句夸。
欲去还留伤小别，
阶前指点月钩斜。

这首诗生动地描绘了他们在重庆时期交谊深厚。

1941 年暑期，燕京大学的学生李镇毕业，辗转来到重庆，到歌乐山找冰心、吴文藻。李镇见面时说："我是燕京大学的学生，是遵照司徒雷登校长的嘱咐找上门的。"

李镇在燕京大学时，虽然没有机会选修吴文藻的课，可是听过吴文藻的学术讲演，何况当时吴文藻又是法学院院长。面对师长，李镇就如实叙述自己的不幸遭遇：

"我是从外地到北平报考北大的，七七事变后，北大南迁了，临时决定报考燕京，被录取后上课不到一个月，家中来信说，在济南的病中的父亲不幸受日本军机轰炸黄河大铁桥的强烈巨响震惊，骤然去世，使我顿然失去了家庭资助，即将辍学，所幸学校及时给予奖学金并同意在图书馆打工，才有继续读书的机会。我于 1941 年夏毕业，离校前接到校长办公室通知，约我到临湖轩谈话，见到司徒雷登校长,因为他已知道我决定去重庆,问我有何打算。当时我只凭一腔热血要去大后方参加抗日,但无具体计划。他直爽地告诉我,他刚从重庆回来,蒋委员长还约见了他,告诉我目睹的军民抗战的决心和后方抗日概况。他说你去重庆不必走绕道上海往香港过境越南而进川的老路,建议我走黄泛区,路近又省时省钱,沿途若有困难找燕大同学老校友都可以帮助的。到了重庆你去见谢冰心先生,她会照顾你的。说完他叫我到学生辅导员会去领一笔路费,我就动身了。

"走黄泛区是一条担风险又非常艰苦的路,要通过敌我犬牙交错的战区,受日军边哨的盘查,夜闯风陵渡的列车,时常被敌人炮火轰击。这些难关我都闯过了,想不到进了国统区反而经常遇到空袭,两次炸弹都命中了我所藏身的防空洞,危险万分,可说是死里逃生……

"抵达陪都重庆的次日,又赶上昼夜不停的疲劳轰炸,我暂住在沙坪坝的房屋又中弹起火,当时我躲在住房对面中央大学坚固的岩石防空洞里,强烈的爆炸震得石洞乱摇,全洞照明油灯也被震灭了,漆黑可怕,吓得大家屏住呼吸鸦雀无声,心都要跳出来了。这次敌寇目标是沙坪坝大学区,中央大学、重庆大学以及嘉陵江对岸的美专都被炸了。我的住房被炸焚毁后,无奈中顿时想起校长临别的嘱咐,上歌乐山去找谢冰心先生求助。"

冰心和吴文藻听到李镇家庭的不幸和沦陷后燕大孤岛办校的情况,愤慨敌人的凶残,非常同情李镇的遭遇。吴文藻问:"今后有什么打算?"

李镇回答说:"我的住房被炸焚毁后,我便无家可归了。"

冰心转向吴文藻说:"文藻,是不是可以把他留下,帮燕京做点事？”

吴文藻立刻说：“燕大在重庆设有一个西南边疆研究站，下面昆明有一个研究点，由费孝通教授在做社会调查，研究滇边少数民族各项问题，在青海西藏边区有李有义、李安宅、王炜西几位研究员在玉树、夏河、拉卜楞寺等地调查研究藏民族问题，由我总负责，目前研究站的秘书离职了，希望有人接替，你来得凑巧，是否愿意担任这份工作？”李镇想这是绝处逢生的好机会，况且能在两位大师手下工作学习也是求之不得的良机，欣然同意。吴文藻接着说：“目前重庆空袭多不安全，你暂时住在歌乐山，我可以就近和中国工业合作协会（简称‘工合’）总干事梁士驰先生打个招呼，参加‘工合’的集体食堂和宿舍，等雾季来临，空袭少了，再搬到重庆七星岗嘉庐九号办公。”

李镇第一天在歌乐山工作，人地生疏，这是他离校步入社会的第一份工作，独自一人在吴家客厅里开始做自己不熟悉的事，不免有些紧张。冰心有时过来看看，问李镇习惯了吗，有什么困难，日子久了彼此熟悉了，冰心就坐下来聊聊天谈谈家常。提起当年留学美国在杰克逊远洋轮上初遇吴文藻的事，冰心回忆说，同船的都是才华出众的清华大学留美高才生，其中有顾毓琇、梁实秋等人，后来都是举世闻名的学者、国家栋梁。在众多峥嵘才子中，独钟吴文藻，因吴文藻勤恳好学，诚实厚道，凡事先替他人着想，忠诚可靠，可托终身……①

---

① 李镇：《迟来的悼念》，《一片冰心》第61至64页，人民文学出版社，2002年1月版。

17.等待的时光是最难熬的

除夕,冰心估摸着今天吴文藻会比平常早一点下班回来,该快到家了。她把早已擦洗干净的火锅端上来,夹点木炭,将火锅点燃了;把洗好的一棵白菜,切好放在锅里,又将一些粉条放在白菜上面,用筷子压了压。

她松了口气坐下来,这才发现两个女儿会笑的眼睛都集中在火锅上,她亲昵地对女儿说:“等会儿爹爹回来,就可以吃年饭了。”宗黎高兴地拍着小手,投到娘的怀里。冰心搂着女儿,暗自想着:这年头,物价飞腾,也真苦了孩子们,平时累月吃的是屋后种的南瓜、青菜;今天过年,文藻总会从重庆带一点肉回来,让孩子们过一个有肉吃的大年夜。

宗生到门口去迎接爹爹,可是,山径上望不见爹爹的踪影,转进来说:“爹爹还没回来!”

宗黎听哥哥这么说,就摇着母亲的膝盖问:“娘,您说,爹爹怎么还不回来?”小女儿问娘,可是娘又能去哪里寻问呢?她只能半自慰半哄孩子似的说:“再等一会儿,爹爹就回来了。”

等待的时光是最难熬的,冰心焦心地等呀等呀,火锅里的汤烧干了,加了一遍又一遍的水,火锅里的炭快烧完了,小灯里的桐油也耗尽了,孩子们困得东倒西歪,就饿着肚子睡觉了。

冰心独自默默地坐在窗前,望着山上几处楼台灿烂的灯火,隐隐地还听得见留声机传出的歌声,一缕凄苦的意绪袭上心来。

窗外传来轻微的声响,由远而近,冰心惊喜地站了起来。她开门时,在飘忽不定的灯光下,看到疲惫不堪的文藻,满脸发青,她心疼地问:“怎么到这个时候才回来?”

“我老早就到关口等车,可总也搭不上公共汽车。要不是碰到一个熟人,搭了一段便车,现在还在半路上呢!”

吴文藻不急不慢地说着。冰心联想到,连年的颠沛流离,繁重的工作负担,吴文藻虽然刚刚步入中年,体质已经远不如从前了……

暮春,吴文藻得了严重肺炎,被送进了中央医院。冰心闻讯,急急忙忙地收拾了几件换洗衣服,带上漱洗的毛巾、肥皂,赶到医院的内科病房。这时吴文藻正发着高烧,昏昏沉沉的,两颊绯红。她用手轻轻摸一下前额,热得烫手,焦虑烧灼着她的心,这可如何是好?她去找大夫,内科主任钱德大夫对她说:“你先别着急,肺炎都是发高烧,一般在一个星期内外,必有一个转折期,那时才知凶吉……”

钱德主任对吴文藻的医治是十分精心的,冰心守在病床边,见医生、护士不时进来检查、送药……她千方百计来减轻病人的痛苦,祈望他早日转危为安。但是一星期过去了,却看不到一些些好转的征候,高烧仍然无休无止地延续着,冰心的忧虑也一天天地加深着。

一天早上,护士试过了吴文藻的脉搏,惊惶而悄悄地告诉冰心说:“他的脉搏只有三十六下了!”

冰心急得赶紧跑到医院后面宿舍去找同学张女士和她的丈夫王鹏万大夫。她吓得双腿发软,连一座小小的山坡都走不上去!她咬紧牙关,拼出全身的力气,才到王大夫家。他们急匆匆地陪着冰心回到病房时,只见床边站满了大夫和护士,吴文藻身上的被子已经被掀起来了!他一定“完”了!回头看见窗前桌上放着两碗刚送来的早餐热粥,她觉得这以后要办的事多得很,没有一点力气是不行的。她端起碗来,一口气都喝了下去。再一回头看到文藻翻了一个身,长长地呼了一口气,迸出一身冷汗。大夫们都高兴地又把被子给他盖上,说:“这转折点终于来了!”又都回头对冰心说,“好了,你不用难过了!”

冰心擦着脸上的汗说:“你们辛苦了,他就是这么一个人,什么都慢!”

连续十三天的高烧退后,病情逐渐好转,但是咳嗽却难以消除。恰巧一位表兄来探视,送了两只广柑,那时还没有水果保鲜技术,到这季节,弥足珍贵。冰心想起以前曾听老一辈人说过,广柑连皮炖后加上白糖,是治咳嗽的偏方。她便拿到医院附近的友人家去炖。当她把这炖好的广柑汁递给病人时,吴文藻只喝了一口,便皱起了眉头,不解地问:“怎么这样咸啊!”

“广柑本身就是甜的,我又放了白糖……”

“真的,又咸又涩,实在喝不下去。”

冰心疑惑地端起来,轻轻地呷了一口,才恍然大悟,自己刚才放糖时,却投进了盐。这难得的东西,白白给弄糟了。她懊恼极了,倒掉又太可惜了,一气之下,就自己仰脖喝了下去!

在中央医院住了一个多月,吴文藻基本告愈,而冰心已经身心交瘁。为了节省住院费,她又忙着把病人搬回山上去,在家里疗养。

重病之后,吴文藻身体极度虚弱,必须进些营养,才能逐渐复原。这又难坏了冰心,多亏一位做买卖的亲戚,送来一只鸡,作为病后的补品,际此贫病时日,可谓雪中送炭。

1943 年初的一个周末,吴文藻回到歌乐山,就兴奋地对冰心说:“最近要出国考察……”冰心忙问:“到哪个国家?”吴文藻回答说:“印度。”接着就把事情的来龙去脉详细告诉冰心:“要我参加中国访问印度教育代表团,顾一樵担任团长。根据教育代表团的分工,让我着重考察印度的民族问题和教族冲突问题,就是信仰印度教的民族和信仰伊斯兰教的民族的矛盾。考察的目的是为国内研究民族和宗教问题提供参考资料。”冰心愉悦地说:“这是一次很好的机会……”

这次是冰心和吴文藻结婚后,吴文藻第一次单独出国,而且时间又不短,冰心就精心为吴文藻准备出国应该带的种种物品,她尽量准备得充裕一些。到了国外,缺少必需品,就很不方便了。

2月,吴文藻赴印度,考察了两个多月,回国后向冰心叙述了在国外的见闻,印度的风俗习惯、教派、严格的等级制度,这使冰心对印度有了初步的了解。

冰心最感兴趣的是吴文藻描述他在泰戈尔故乡参观的情景和看泰戈尔的剧本《齐德拉》时的感动。

1943年6月,吴文藻参加中央设计局组织、由西北检察使罗家伦率领的西北建设考察团。吴文藻分担的任务是以新疆民族问题为主的西北民族问题调查。

歌乐山上,道路狭窄,客人不断。浦薛凤时常于周末随吴文藻上山,有时也单独在星期日清晨,先乘船渡江,继坐滑竿,前往歌乐山,借以呼吸新鲜空气,躲避空袭。当时他独自旅居,久与家人离散,两地相思,十分苦闷。细心的冰心常对吴文藻说,浦薛凤一个人在重庆,工作之余,定感寂寞,你要多关心他。每次浦薛凤上山,冰心总约两三位住在邻近的友人做伴,为他排解。有一次,冰心、吴文藻、浦薛凤诸人,应邀到重庆青木关顾一樵家聚会,浦薛凤因途中被毒蚊咬了,回来就生病住进医院。出院时,吴文藻把他接到歌乐山

静养,冰心尽力给予照顾,并填了一词《调寄浣溪沙·水仙》:

寄托闲情到水仙,病中心绪阿谁边,拥衾无语看炉烟。
微步凌波应解舞,生尘罗袜亦翩跹,不输梅蕊占春先。

浦薛凤读了冰心的《浣溪沙》,十分感动,也特别感激,他原调步韵填了《咏瓶中红梅》:

影里江南梦里仙,依稀地角又天边,思丝如水复如烟。
飞燕娇嘘添馥郁,贵妃醉酒更翩跹,甜香秀色白花仙。

浦薛凤填的词,得到了冰心和吴文藻的赞赏。

顾一樵得知冰心填词赠浦薛凤,也步韵填了词:

雅思高情羡逋仙,岁寒松柏蜀山边,途峰如黛水如烟。
疏影横斜来绰约,暗香浮动舞翩跹,凌云才调数君先。

冰心的咏水仙词传出后,在重庆的许多清华人士,都用冰心的韵填词。

梅月涵填的词是:

不羡鸳鸯不羡仙,醉来斜倚小炉边,荔枝尝罢试新烟。
蝴蝶梦中空幻化,嫦娥月里共翩跹,樽前春色酌谁先。

直到四十多年后,清华校友仍忆起这次冰心女士发动的诗词唱和。

1944年9月,冰心住在重庆,张禹九夫妇约吴文藻、冰心、张君劢、王世瑛一起吃晚饭。饭后畅谈,特别谈到冰心从前在北平到天桥寻访赛金花的事,王世瑛听得很高兴。时已夜半,王世瑛要留冰心住下,“抵足而眠”。

吴文藻笑问:“那么君劢呢?”

王世瑛笑说:“君劢可以跟你回去住嘉庐。”

冰心却说:“我住待帆庐太舒服了,君劢住嘉庐未免太委屈了他……”

大家又都纵情开了半天玩笑,由于第二天早晨冰心、吴文藻都要开会,便终于走了。

1944年底,吴文藻参加了西南联大校长蒋梦麟率领的赴美代表团,去参加战时太平洋学会的年会。这次会议的主要议题是讨论各盟国战后对日处理方案。

1945年3月初,冰心到重庆去,听到王世瑛分娩在即的消息。这时吴文藻同张君劢都在美国,冰心便写信给吴文藻,说君劢先生又快要做父亲了……

信发出不到十天,梅月涵上歌乐山来。在晚餐桌上,梅月涵偶然提起,说:“君劢夫人在前天去世了,大约是难产。”冰心突然停了箸,似乎也停止了心跳,半天说不出话来。

冰心给吴文藻写了一封信:“……二十年来所听到的理想的快乐的夫妇,真是太稀罕了,而这种生离死别的悲哀,就偏偏降临在他们的身上,我不忍想象君劢先生成了无‘家’可归的人!假如他已得到国内的消息,你务必去郑重安慰他……”

1945年5月6日,吴文藻从美国回来。远别后回家来,有说不尽的话,吴文藻谈在美国的种种情况。

战时太平洋学会年会闭会后,吴文藻利用在美国的机会,了解美国战时社会科学研究的发展状况,接触到了一些新情况。如,访问了美国社会科学评议会、耶鲁大学国际问题研究所、哈佛大学社会关系学系及商学院工业社会学研究所、芝加哥大学社会学系和人类学系、普林斯顿大学人口问题研究中心、哥伦比亚大学人类学系等,通过各学校的负责人了解到他们战时和战后的研究计划和动态。总的收获就是了解到了行为科学的研究已从社会关系学发展到了以社会学、人类学、社会心理学三门结合的研究。冰心为吴文藻在学术研究上的新收获而兴奋。

"日本无条件投降!"这振奋人心的特大喜讯,像旋风似的迅速传布到中国的每一个角落。重庆,整个山城沸腾了,狂喜的人们拥上街头,鞭炮声、锣鼓声、欢呼声,在夜空中回荡着。

冰心在歌乐山头上,望着满天的繁星、满地的繁灯,听到盼望了八年的抗战胜利的消息,在这震撼如狂潮之中,经过了一阵昏乱的沉默,几个小孩子放声大笑,几个大孩子放声大哭,几个男客人疯狂似的向她要酒喝!她一直沉默着。她沉思八年的颠沛流离,深忧长愁,承受了多大的痛苦。

18.自由自在的日子

抗战胜利啦!冰心和吴文藻都恨不得马上漫卷诗书结伴还乡。

可是,在复员的声浪中,重庆的交通运输紧张空前。国民党的高级官员,有地位的人士,坐飞机飞走了;乘轮船的,顺水出了三峡;搭汽车的,开回南京、上海。而冰心一家,只能在山上等待着。刚听到胜利的消息时,吴文藻和冰心作了种种计划,此时只能等交通工具允许时,慢慢回到北平去。

抗战胜利,无疑是人生道路的转折点,如何选择是非常关键的。吴文藻和冰心商量,认为还是回到教书生涯比较合适。冰心说她也认为教书那种生活,对她比较宁静一些,在她住过的许多地方中,以北平为最佳,还是回北平教书去吧……

吴文藻同冰心商量,眼下要离开重庆,轮船的舱位难得到,飞机票又不好买,不知要等到什么时候,还是先搬进城里住,冰心感到为难的是重庆的房子难找,于是多方托人在城里找住房。

1945 年 12 月,许多朋友都劝冰心早走,吴文藻也希望冰心带着孩子们早日离开重庆,吴文藻忧心地说:“我倒是愿意你早走,我怕一旦随国防委员会飞南京,把你们留在这里太没保障了。”

冰心说:“我也想早离开重庆,但是问题并不简单,我们走了,三嫂他们一家怎么办?我们多方想法替她买飞机票,至今还没有着落……”

1946 年 1 月 14 日,冰心从歌乐山迁到重庆城里,临别时,冰心倒觉得歌乐山上特别好,月色异样清明。她同吴文藻商量,“潜庐”那房子还是不卖好,留作周末休息之用。吴文藻完全同意她的安排。冰心决定把潜庐交给保管委员会管理,并且要求他们保管一切照旧,说不定自己还会回来。

重庆城里的住所,是朋友原先的书房和客厅,还有大走廊,冰心很满意。只是搬进城后,比歌乐山方便了,客人也特别多了,连晚上也不常有机会看书。夜阑人散时,冰心也累倒了。

老舍应美国文化专员之邀,赴美一年,准备 1946 年 2 月间启程。老舍告诉冰心说,不日先到上海,然后转赴美国。2 月 5 日,冰心特地约老舍来吃饭,为老舍饯行,席间她祝老舍一路平安,并说希望老舍回国后能到燕京大学来。老舍表示去那边换换空气,一年就回北平,也很愿意到燕大来。

胜利后的头一年,重庆的天气非常之好,一换往年的气象。3 月中旬,每日都有月亮。3 月 15 日,冰心同吴文藻出去,在曾家岩一带散步赏月,四周寂静得很,他们盘算着日后的生活。

冰心说:"现在就等你的消息了,如果你仍留在国防委员会工作,我们就飞南京,可以先住老二的丈人家,他们金陵神学院的房子大得很,过渡一时再说。如果回北平,就住大嫂那里,两边都是不必安家的,这样倒也轻松些。"

吴文藻对前程有点焦心,说:"从南方来的朋友带来的消息,不怎么好……"

冰心说:"好在下个月会开完后,就可以离开重庆了。"

吴文藻感叹说:"前途未卜,还是回燕京教书较为稳妥。"

1946 年 4 月下旬,冰心、吴文藻到南京,住在新街口铜银巷一号李汉铎家。

日本签字投降后,由中、英、美、苏四国共管。各国都派一个军事代表团到日本。

中国政府决定委派朱世明任中国驻日军事代表团团长。朱世明是吴文藻在清华学校时的同学,他的夫人谢文秋又是冰心的同窗好友。他是国民党将领中唯一没有军权的将军,他约吴文藻担任代表团的政治组长,兼任盟国对日委员会中国代表顾问。这时冰心和吴文藻正准备北上到燕京大学继续教学。吴文藻想趁此难得的机会,直接考察日本的天皇制、新宪法、新政党、财阀解体、工人运动等情况,因此就接受了朱世明的聘请,但他对朱世明讲:“我平素的兴趣只是教书,研究社会学问题,当政治组组长不合适,我当教育组组长也许好一些。”

“你不当政治组组长,‘中统’就要派人来当。而且只有政治组长才有资格出席盟军的会议。教育组长就不能参加会议了,得赶紧先报上去,免得陈立夫塞人进来……”朱世明说得很坦率,吴文藻只好接受了。

宗生这时已长成英俊少年了,他看到朱世明那一身笔挺的将军服,显得那样威武,十分钦慕,总是跟在朱世明旁边。朱世明笑着对宗生说:“你那么喜欢我,就给我做干儿子好了!”

在朱世明的鼓动下,浦薛凤要宗黎做干女儿,吴景超要宗远当他的干女儿。

浦薛凤的女儿浦丽琳,正在金陵大学女附中读书,喜欢文学,尤其爱读女作家冰心的作品。冰心看她聪颖,又特别文静,就认了干女儿。

这时吴文藻的母亲已回到江阴故里,吴文藻带着一家回夏港镇省亲。他们乘坐乌篷船,从夏港河边的码头上岸到吴家,胜利后的团聚,大家都感到无比欢乐。

冰心还专门到吴家捐资建造的昭德小学以及夏港小学参观。她认为资助创办教育事业是最有社会意义的事业,希望校长和老师们共同努力一起办好基础教育,担负起培养人才的重任。

冰心鼓励学生们，努力学习，强健体魄，长大了做建设国家的栋梁。①

冰心要随吴文藻赴日本，由于战后日本的特殊情况，不能带儿女同往，不得不暂时将小女儿吴宗黎托付二弟媳李文玲照顾。1946年6月下旬，冰心带着儿子吴宗生、大女儿吴宗远，搭便机飞回到北平，先到大弟媳杨建华的住处。胜利重逢，大家都无比欢愉，一阵热闹过后，她看到杨建华形容憔悴，想到大弟劳苦抑郁而死，丢下她带着五个女儿艰难度日，确是够难为她的，心里涌溢着伤感。而自己这次回来，不但不能帮她排忧解难，还要把宗生和宗远留在北平读书，托她照顾，岂不是又加重了她的负担吗？杨建华见她默然，似乎了解她的心绪，便说："好在五个孩子都很听话，读书都是很用功的，也都能吃苦……"

冰心看到宗菊、宗仙、宗莲、宗菱、宗梅个个聪明伶俐，又如此懂事，心里得到了安慰。

冰心略事休整，就回到燕京大学去。她下车后，见那石雕的狮子、小巧的石桥，以及从圆明园移来的华表，依旧巍峨耸立。燕大的外观没有什么改变，经过半年的修缮，无论是贝公楼，还是姐妹阁，仍然是昔日的富丽堂皇。经历了漫长的八年，小树也长成了大树，比从前更显得郁郁葱葱。她绕过体育馆，直奔燕南园，来到原住宅的院中，"那一架香溢四邻的紫藤花，连架子都不在了，廊前的红月季与白玫瑰，也一株无存"。她的心开始往下沉，转念想到这些花草，只要重新栽培，明年又会开出鲜丽的花朵。她非常清楚地记得，

---

① 薛仲良：《冰心老人与江阴》，《冰心与江阴》第102页，中国文联出版社，1999年10月版。

临离北平时，学生们帮她整理的吴文藻的几十盒笔记和教材，就封存在阁楼上面，她走上去查看，可是展现在她面前的，只有空空的四壁，吴文藻多年心血的结晶，经过她精心包装过的，收藏在最稳妥地方的精神财富，全都不见了！

冰心呆呆地站在那里，心里感到说不出的空洞无着，过了一会儿，她默默地转身下楼，两条腿似乎没有力量支持她那弱小的身躯。冰心勉强地走出门来，遇到当年的工友，他一下认出这幢住宅的女主人，望着冰心那沮丧的神情，他愤激地说："在日本和美国宣战以后，燕大就被封了。你们的住宅就被日本宪兵占用了，吴先生的书房就成了日本鬼子拷问教授们的场所。您阁楼上的那些笔记盒子，被日本兵运走了，也不知道运到什么地方去了。"

她谢过工友，黯然离开这幢曾经回荡着她的欢声笑语，度过如花似锦年华的小楼。

她的心力承受不了连续的沉重打击，因而过了两天，她才满怀着虚怯的心情，走上存放书箱的大楼顶阁上去。那间堆满箱子的小屋的门敞开着，捻开电灯一看，只有空空洞洞的四壁！她痛惜地暗自哀叹："我的日记，我的书信，我的书籍，我的……一切都丧失了！"

拿着钥匙站在门口的白发的工友，看到她无言的惨默，悄悄地走到冰心身边，抱歉似的安慰她说："在珍珠港事变的第二天清早，日本兵就包围了燕京大学，学生们都被撵出去了，我们都被锁了起来，第二天我们也被撵了出去。一直到去年 8 月，我们回来的时候，发现各个楼里都空了，而且楼房拆改得不成样子。您的东西……大概也和别人的一样，再也找不回来了。不过……我真高兴……这几年您倒还健康。"

听了这一番话，她的眼泪再也忍不住了，像断了线的珍珠一样落了下来。她离开这空洞的顶阁,迂缓地穿过翠绿的山坡,走到未名湖畔。远望岛亭旁的石船,便沿着湖岸走去,她心想:“从古至今,从东到西,不知道有多少人,占有过比我多上几百倍几千倍的珠宝。这些珍宝,毁灭的不必说了,未毁灭的,也不知已经换过几个主人!我的日记,我的书信,描写叙述当年当地的经过与心情的,当然可贵,但是,正如那老工友所说的,我还健在!我还能叙述,我还能描写,我还能传播我的哲学!

“战争夺去了毁灭了我的一部分的珍宝,但它增加了我的最宝贵的,丢不掉的珍宝,那就是我对于人类的信心!

“人类是进步的,高尚的,他会从无数的错误歪曲的小路上,慢慢地走向康庄平坦的大道上来。总会有一天,全世界的学校里又住满了健康活泼的学生,教授们的书室里,又垒着满满的书,他们攻读,他们研究,为全人类谋求福利。”

她绕着未名湖走了两周,被愁惨挤压得凝固了的心,随着涟漪的湖水,慢慢地舒展开了,从荒凉寂寞,变成觉悟与欢喜。

冰心把儿子吴宗生送进她的弟弟们的母校——灯市口育英中学,把大女儿吴宗远送到她自己的母校——贝满女中。

1946 年 7 月,冰心到南京,住在谢为杰的岳父家。浦薛凤也住在颐和路 5 号官邸,那里楼房宽敞,庭院中有绿色的草地,错落有致的花木。其他的朋友也都住在颐和路。

冰心同吴文藻东家眠,西家吃,时而上海,时而南京,居然尝到了二十年来所未尝到的自由新鲜的滋味,那便是无家之乐。

冰心感到“无家一身轻”,没有了家,也没有了责任,不必想菜单,不必算账,不必洒扫,不必……这时冰心觉得耳朵加倍清晰,眼睛加倍发亮,脑筋加倍灵活,没事想找事做。

于是平常你听不见的声音，也听见了；平常看不出的颜色，也看出了；平常想不起的人物和事情，也一齐想起了。多热闹，多灿烂，多亲切，多新鲜！

冰心觉得南京之秋，太可爱可怜了，天空蓝得几乎赶得上北平，每天夜里的星星和月亮，都那么清冷晶莹的，使人屏息，使人低首。早晨起来，睁眼看见纱窗外一片蓝空，等不了扣好衣纽，便逼得人跑到门外去：在那蒙着一层微霜的纤草地上，自在疏慵地躺着十几片稀落的红黄的大枫叶，垂柳在风中快乐地摇曳，池里的凤尾红鱼在浮萍中间自由唼喋着，看见人来，泼剌地便游沉下去了。

朋友们的气味和冰心大都相投，谈起来十分起劲，到了快乐和伤心时候，都可以掉下眼泪，也有时可以深到忍住眼泪。谈够了心，忽然想出去走走，于是一窝蜂似的又出去了。

冰心在给赵清阁的信中，描述了这一段的生活：

> 回来后文藻病了几天，忙了些日子他已好了。我们已开始玩了些地方：玄武湖不错，四望很清旷，城墙和远山和塔都很美；到鸡鸣寺正有小风雨，情景适合；胭脂井没有找到；（乌衣巷听说窄小不堪，不敢去，怕幻象消灭）中山陵最好，干净空旷，树木都青起来了，比我十年前的印象好得多，谭墓有毁伤毁迹，明孝陵太小，看过昌平十三陵的人，觉得不过瘾。小孩子对于那十几对石人石马倒非常欣赏。归途到了莫愁湖，真是太伤情了！一半已沦为稻田，胜棋楼墙上满是“名人留迹”；秦淮河是一道臭水；画舫更难看。我想古人平民游玩的地方太少。有一点水就高兴，如北平之什刹海、南京之莫愁湖，都是这样，使吊古者不胜失望。今天下午拟去燕子矶，我想江边一定气魄大一

点。你何时能来？我们行止还未大定。昨天给振铎去了一信，托他几件事，有些是你接头的，晤见时请你向他要信看，商讨商讨。得美国或蜀中朋友信否？江南天气到底好，北平恐怕现在正是花开时候，我真想中央公园（即今中山公园）的牡丹！

匆此即祝

著好

冰心

四六年九月廿三日

1946 年 11 月 13 日，冰心携宗黎作为中国驻日代表团的眷属，由上海乘飞机前往东京。

19.外交官的生涯

冬日的黄昏，日本羽田机场，灰暗的夜色，正一步步地逼近，地面上一片寂寞荒凉。从中国上海来的飞机，徐徐降落，停在机场上。冰心迈出机舱，下了舷梯，她用睿智的目光扫了一下机场，只有穿着军服的美国人在趾高气扬地来来往往。冷风扑面，她掖了掖长大衣，先坐到汽车里去了。车子在从羽田机场到东京的崎岖大道上飞驰，在暮色迷蒙中，她不断地朝车窗外观望，双目所及，尽是轰炸后的废墟。大路两旁没有一星灯火，路边没有一个行人。车子驶进东京市内，她看到路旁的瓦砾场中，有一座焚余的洋灰储藏室小塔似的孤立着，半开的铁门仿佛是一只无神的眼睛，向着无边的黑暗瞪

1947 年，吴文藻、冰心在日本东京寓所前的草坪上

视。一股悲凉的意绪，袭上心来，战争，可诅咒的战争！

冰心到东京后，先在中国驻日代表团中住了些日子，待他们的住房完全修好后，就搬进新居，这是一座日本式的房子，有小花园。冰心很满意，她感到房子很好，小巧精致。

可是住上三五日，她就感到十分不方便。第一是在屋子里站着看不见蓝天，不坐下又不能工作，可她又不惯于坐在草席上工作，所幸还有一间洋式房间，冰心就作为书斋。

在东京，“衣着都是由中国带来的，食粮大半是由中国供给，所以在衣食方面，倒感不到什么不便”。

吴文藻从外面笑嘻嘻地回来，胁下夹着一大厚册的《中国名画集》,是他刚从旧书铺里买的,花了六百日元!

冰心看吴文藻在灯下反复翻阅赏玩的样子,没有出声,只坐在书斋的一角,静默地凝视着他。没有记性的可爱的读书人,他忘掉了他的伤心故事了!

冰心暗想:人类也是善忘的,几年战争的惨痛,不能打消几十年的爱好。这次到了日本,在各风景区旅行,对于照相和收集纪念品,都淡然不感兴趣,而我的书呆子的丈夫,却已经超过自己的经济能力开始买他的书了。

吴文藻在中国驻日军事代表团担任第二组组长,负责盟国对日委员会的讨论和提案的准备,有时代表朱世明团长出席盟国委员会。

冰心看到吴文藻日常工作忙得很,她形容在东京的生活简直是如同日夜发高烧,紧张得很,时间一点没法控制。冰心看吴文藻瘦了,心里很焦急,在给国内的友人的信中,总是为吴文藻的瘦忧心。1947年8月20日,她在给胡适的信中说:

> 本月四号才回到东京,顿然凉爽寂静下来。这边也热,不过早晚还是凉飕飕的。一般心理上,也是这样。
>
> 文藻还瘦,还忙,不过精神还好。小女宗黎高了一点,多说了几句日本话,她从来不记得北平,因为她八个月就离开了,但她口口声声要回北平去,说想哥哥姊姊,想“祖国”,我不知“祖国”两字,在她心里是什么滋味!

9月中旬,因为英、苏两国的代表团团长走了,美国代表团的团长艾其森坠机死了,因而一个星期盟国委员会不开会,吴文藻得到唯一能休息的时间。他与冰心到日本的轻井泽,那里比重庆的歌乐山还大还深,清净极了。吴文藻谈起美国团长艾其森的追悼会,冰心感叹说:两个星期前我们刚刚宴请了他,人生真是无常!

1947年的中秋节,吴文藻约了几个朋友一起过节,同时也为给冰心过生日。友人频频举杯,为冰心祝寿,大家都喝了不少酒,直到半夜,还出去到街上走走,可惜月亮只出了一会儿,就没有了。冰心仰望天空,看到仍是很亮,只是风吹到身上,感觉凉飕飕的,因她一贯体弱,吴文藻赶忙扶着她回去了。

1947年10月下旬,冰心到日光观赏红叶。她在给赵清阁的信中说:

> 日光是日本最美的地方——华严泷即在其地,湖好,山好,泉好,瀑布好,红叶尤好。正是:"满山满谷,红叶黄花,正是伤感凄凉的时候,断肠人在天涯。"这小曲太伤感了,不过满山满谷的红叶,的确是奇景。我们是上月下旬去的,正在红叶节中,住在日光一夜,住在五千尺以上的汤本一夜,洗了温泉。傍晚看虹,早起看雪,那时还是满月,我就想起你,可惜你不在!天下事往往如此。

冰心的大女儿吴宗远,原先留在北平读书的,因其身体欠佳,1947年11月,他们把大女儿接到东京。

1948年2月,住在冰心楼下的一家搬走了,吴文藻家才开伙。冰心在给友人的信中,详细叙述了她的生活情况:

> 日本下女只会煮饭,我自己就下厨房做菜。给业雅知道,

要笑掉了牙！然而一家三口，也只好这样将就地吃。小妹还吃胖了。每顿两菜一汤，敷衍了事。这里每月配给八斗米，一袋面，四斤花生油，糖、盐各三斤，每日菜蔬和鱼少许。所谓菜蔬者，就是萝卜白菜，间或有菠菜。肉和鸡蛋自己买黑市……文藻在三月底至四月初要到美国去演讲，要一个月才回来，那时我要游历西京、奈良、日光，看古迹、樱花，有小妹在此，若文藻不在，我就走不开(最好是五月以后开参政会)。印度方面已电辞不去，明年再说罢。这里生活，说不上来，忙得要死，为日本

1948 年，吴文藻、冰心与女儿吴宗远(吴冰)、吴宗黎(吴青)在东京合影

人卖命,再管管家,做做厨房。但一个人独在的时候很多,时时也感到寂寞。

每年的3月15日至4月15日,日本列岛上由南向北各地樱花盛开,男女老幼纷纷外出参加游园赏花活动,并饮酒歌舞,迎接春天的到来。1948年4月7日,吴文藻、冰心带着大女儿宗远、小女儿宗黎外出感受一下日本樱花节的气氛,来到青山墓地,看到了喝醉了的日本人在大哭,冰心心中黯然,一家人便没有久留,接着来到东京的上野公园,这是日本历史最悠久的动物园,公园内有各种文化设施,吴文藻和冰心同样看到醉酒大哭的人……

第二天,4月8日,冰心给远在国内的巴金写信说:

> 您送的那些书,是去年我自己带回来的。您12月17日的信,到今天才复(给黄×生题的字附上,请转交),真是太对不起了。生活又忙又乱,同时心情也不太好,觉得写信也没有话说。我想这心情是普遍的,国内外朋友的来往信件内,没有一个兴高采烈的。如何是好?您计划的那长篇,开始了没有?我忙些家务,俗事,不过文藻身体,今年比去年好,孩子们也健壮(大小妹在东京,宗生在北平上学)。这里正在开樱花,我始终不爱它,觉得它给我的印象,是单薄,黯淡!昨天我们去青山墓地和上野公园,都有日本人喝醉了在大哭,匆匆。
>
> 问太太和孩子好。

在那灰色的日子里,吴文藻身体的好转,是冰心最大的安慰。1948年10月12日,冰心给梁实秋写信,谈她在东京的生活:

九月廿六信收到。昭涵到东京，待了五天，我托他把那部日本版杜诗带回给你（我买来已有一年了！）到临走时他也忘了，再寻便人罢。你要吴清源和本因坊的棋谱，我已托人收集，当陆续奉寄。清阁在北平（此信给她看看），你们又可以热闹一下。我们这里倒是很热闹，甘地所最恨的鸡尾酒会，这里常有！也累，也最不累，因为你可以完全不用脑筋说话，但这里也常会从万人如海之中飘闪出一两个“惊才绝艳”，因为过往的太多了，各国的全有，淘金似的，会浮上点金沙。除此之外，大多数是职业外交人员，职业军人，浮嚣的新闻记者，言语无味，面目可憎。在东京两年，倒是一种经验，在生命中算是很有趣的一段。文藻照应忙，孩子们照应玩，身体倒都不错，我也好。宗生不常到你处罢？他说高三功课忙得很，明年他想考清华，谁知道明年又怎么样？北平人心如何？看报仿佛不太好。东京下了一场秋雨，冷得美国人都披上皮大衣，今天又放了晴，天空蓝得像北平，真是想家得很！你们吃炒栗子没有？

请嫂夫人安

协助吴文藻工作的副组长谢南光，是中国共产党的地下党员。通过一段时间的共同工作，他与吴文藻、谢冰心成了朋友，他常常到吴家，悄悄地将国内的情况告诉他们。当他对吴、谢的为人和进步倾向有较深入的了解后，便将他秘密得到的国内的学习材料、毛泽东著作，借给他们看。谢南光和吴半农有时晚上到吴家，以打桥牌为名，共同研讨毛泽东著作。有时还秘密收听中国解放区的广播。到了星期天，他们几个人就时时变换着到不同的人家里聚会，谈祖国的情形,讨论问题。

那天,冰心刚从外面回来,宗黎就蹦到跟前:“娘,您回来了!今天来了一个客人,说来看爹爹和您,我说:‘爹爹和娘都不在家,您请坐。’可他没有坐下,也没有走,就在我们家这里看看,那里看看……”

冰心听宗黎这么一说,心里有点诧异,就问宗黎:“那个客人以前到我们家来过吗?”

宗黎眨巴着眼睛,想了想:“穿西装,戴着眼镜,从来没来过……他还翻书来着……”

晚上,冰心小声问:“文藻,小妹说,今天来了个生人,翻你的书,你书架上有没有不该放在外面的东西?”

吴文藻连忙去书房,细细查看了一遍,书的排列顺序,有的地方弄乱了点,他突然记起那本《新民主主义论》,是横放在书上面的,他急忙寻找,可是找来找去,却怎么也找不到。他十分清楚,那是他刚读过不久的,上面还用红笔画了许多重点的记号呢!一贯稳重的吴文藻,也焦急得坐立不安了。他曾听友人说,代表团里不仅有军统、中统,还有其他特务系统。今天的“不速之客”,恐怕是有来头的,说明自己可能已经引起了特务的注意,日后更应该处处小心。

冰心又收到老舍从美国来的信。他告诉冰心,他得到中华人民共和国成立的消息,欣喜莫名,立即束装,启程回国,12 月上旬,途经日本横滨……

冰心捧着老舍的信,想到老舍能够回到日夜思念的祖国,分别多年后能有机会在横滨相会,欣悦涌溢她的心间。但是,那时国民党的特务,遍布东京、横滨等地,她同吴文藻已在特务的监视之下,要到横滨会见到新中国去的老舍,必须冒极大的风险……

1950 年，冰心、吴文藻全家在日本东京合影

冰心经与吴文藻商量后，决定不顾风险，相偕到横滨港迎接老舍先生。

1950 年，国民党已经到了台湾。对于驻在东京的代表团，更是处处提防，严加监视。不久，又风波突起，说中国代表团要挂红旗啦，二吴二谢（指吴文藻、吴半农、谢冰心、谢南光）包围代表团团长朱世明，促使朱世明起义啦，等等。国民党来个调虎离山计，调朱世明去台湾当外交部次长，实际上是撤了朱世明团长的职务。朱世明手下的各组组长们，也都难以幸免。吴文藻同冰心商量，国民党已任命了新的代表团团长，在新团长的手下，肯定是无法工作的。而且随时都有被调到台湾去的可能，到那时就很难脱身了。决定立即辞去第二组组长的职务。经过一番苦心策划，赶紧草拟辞呈，乘朱世明尚未离任，递交上去，朱世明签署了同意吴文藻辞职的意见，但把日期提前了三天,说明是在朱世明被撤职之前签署的文件,仍然生效。否则新团长一到任,就插翅难飞了。

辞去了职务,就意味着吴文藻不再是中国的外交官了,成了无根的浮萍。当年的日本是中、英、美、苏四国共管,除了盟国委员会的官员、职员及眷属外,其余的只有商人和记者可以居留,所有的外籍人员都不允许住在日本,必须尽快离开日本。可是谢南光与国内的有关部门联系后,要求他们继续留在日本,完成新中国交给的重要任务。

为了祖国,为了革命的需要,必须想方设法在日本站住脚。南洋的华侨巨商胡文虎,是个慷慨侠义、豪迈坦爽的人物,他还办有《星槟日报》。谢南光通过胡文虎儿子的关系,为吴文藻弄了个《星槟日报》记者的名义,但不领薪金,这样才得以继续留在日本,秘密开展工作。

1951 年,冰心和吴文藻在当时的国际环境下,难以继续在日本待下去了。他们日夜想念祖国,经国内有关部门同意后,他们就着手作回国的准备。但是他们持的是国民党政府的护照,如果台湾得到他们回大陆的消息,会有生命的危险。

正当吴文藻、冰心苦苦寻求安全的脱身之计时,美国的耶鲁大学聘请吴文藻去当教授,给他寄来了聘书和路费,并安排他们全家赴美。

为了离开日本,他们只得向台湾申请签发护照。台湾接到吴文藻全家前往美国耶鲁大学任教的报告,仅仅一个星期就签发了护照。

回国的准备工作紧张地进行着,该烧毁的文件、材料就立即处理,该带回国的,就分类整理,分别装箱。这一切都做得十分隐秘,不仅关着房门，连窗帘也拉起来，遮得严严的。

为了不致引起国民党方面的怀疑，冰心就声称要先到香港置装。又乘着在东京的熟人都到轻井泽去避暑，他们把汽车送给了谢南光，家具也留下了，不声不响地启程了。

1951 年 8 月 23 日，日本的横滨港码头，吴文藻、冰心、宗远、宗黎登上了一艘印度的轮船，默默地等待着轮船起锚开航。

轮船，迎着风浪，驶向大海……

第四章

20.“隐居”中的期盼

吴文藻、冰心到达香港后，就住在吴文藻的高足谭纫就的家里，谭纫就能有机会在香港款待自己的恩师和师母，感到非常荣幸，无比愉悦。师生亲切地回忆起在燕京岁月中的趣事、乐事，述说同学们毕业后的情况……吴文藻看到自己培养的学生，在不同的地区、不同的工作岗位上，为社会为社会学发挥各自的才能，他感到极大的安慰，作为教师，他尽了自己的责任。

吴文藻对冰心说：耶鲁大学的秋季开学时间已经临近，不能再耽误了，我们得赶紧把聘书和路费退回去。冰心完全赞同，于是就委托谭纫就代为办理。

吴文藻、冰心一家在国内驻港机构周密安排下，由谭纫就伴送，隐秘地登上了回大陆的轮船。冰心和吴文藻急切地盼望尽快回到新中国的怀抱。

当船徐徐地驶向珠江口时，冰心再也按捺不住了，她奔向船舷，呼唤着吴文藻:“快看,那不是虎门炮台吗!”

一百多年的屈辱立即涌上吴文藻脑海,对这座英雄炮台,吴文藻、冰心望着它,肃然起敬。

吴文藻一家受到了热情而亲切的接待,当接待单位的负责人告诉他们:吴文藻离开代表团后,在日本所做的工作,以及他们一家的回国,都是周恩来总理指示安排的,吴文藻兴奋得不知如何是好。冰心的眼里充满了喜悦、感激的泪水,在朦胧中,她仿佛看到了周恩来总理英俊、潇洒的身影,慈蔼、亲切的笑脸。她对吴文藻说:“真没想到……”

天津,是镶嵌在渤海湾西海岸的一颗晶莹的明珠,地理位置优越,水陆交通方便。冰心一家在广州短暂停留后,就启程北上,到达天津,住进一座幽雅的招待所。由于在日本一起工作的同志还在国外为祖国的统一事业而继续进行秘密工作,因此冰心和吴文藻回国后,新闻媒体没有报道,暂时不能探亲、访友,他们只是埋头整理资料,提供给有关部门参阅。

在海河岸边“隐居”的日子里,接待单位安排他们参观、游览,冰心、吴文藻兴致勃勃地逛了水上公园,参观了华北第一次物资交流会,尽管展出的场所是那样的简陋,只是临时搭起的棚子,吴文藻说:“你看,都是我们国家自己生产的物品,过去洋货充斥中国市场,日货、美国货、德国货……”冰心回应着:“真是今非昔比……”

这时,北京的有关部门,为迎接吴文藻和冰心从海外归来,特地在崇文门内洋溢胡同购买了一座四合院,进行整修,安装了卫生设备和热水管,院子里铺上了砖,还砌了两个花圃。在宽敞的北房里,配备了沙发、大书柜、写字台等家具。派年轻的干部向前赴天津接吴文藻、冰心一家回北京来。

冰心同吴文藻商量,拟将朝南的五间房子作为会客室、卧室、书房,东厢房作为厨房、餐厅,西厢房就让孩子们在那里学习、活动。吴文藻笑说:“一切都听你的安排……”向前根据周恩来总理的指示,具体安排他们参观、游览、看戏等活动。

那时,在北京,几乎看不到西装革履的男士了,大家都穿上了干部服,那是革命的标志。而女性的时装是列宁服。吴文藻、冰心一家在向前的陪同下,到王府井服装店做衣服。新衣取来后,冰心卸下“旧时装”,穿上双排扣子的列宁服,顿时改变了昔日的风姿。吴文藻穿上干部服,十分兴奋,在屋子里走来走去,还举起右臂,向孩子们挥手,女儿望着他笑,全家沉浸在喜乐之中。

寒冷的冬日,吴文藻和冰心埋头读书。吴文藻继续钻研社会学、民族学,系统地阅读了马列主义理论;而冰心则广泛阅读文艺理论和文学作品,特别是苏联的文学作品,在延安工作和生活过的作家创作的反映根据地、解放区生活和斗争的小说、散文。

1952年的新学年即将开始,冰心要让两个女儿尽快入学。宗远去日本前,已经在贝满女中就读,这时贝满女中已由人民政府正式接管,更名女十二中。老师、同学都还熟悉,如果回原校继续上学,人们便会知道吴文藻、冰心已经回国。为着保守回国的秘密,经过反复商量,宗远改名吴冰,宗黎改名吴青,进入由原慕贞女中更名的女十三中读书。

吴文藻对回国后的工作有着种种设想,他曾对冰心说:“新中国刚刚建立,各方面的工作都需要人去做,如果我回燕京大学教书,继续社会学研究,我的社会学中国化的愿望就可以实现了……”冰心回应着:“燕京是我的母校,我们两个在燕京度过的那十年,是安定而美好的,而且那里的一切都是我们所熟悉的,我也喜爱燕园的环境……”

“那就作为我们选择的一个方案吧。”

过了一段时间，两个人又提起今后工作的话题，吴文藻说：“我还有一个想法，我曾在印度待过一段时间，现在我们国家同印度关系密切，我对印度的情况比较了解，而且印度的民族教派问题相当复杂，如果国家需要的话，我到印度去工作一段时间，也许还能发挥我的长处……”

冰心笑着说：“你呀，你三句话离不开你的社会学……”

春天在云中微笑，冰心的家里春光洋溢，院子里撒上了铺地锦，移来了两棵海棠。几位最想会见的老朋友，通过组织的联系，相继秘密地来访。吴文藻的老同学潘光旦来了，阔别多年，使吴文藻兴奋莫名。吴文藻最关心的依然是社会学专业，简单叙述了别后的情况，吴文藻便询及潘光旦从事的研究工作。潘光旦告以 1951 年 6 月，新成立了一所大学——中央民族学院，校址在北京西郊，主要招收少数民族的学生，是一所综合性的高等院校，设有研究院，分头研究民族问题……

两位年轻时代就热衷于社会学研究的同学，热烈地谈论着西南民族的历史和现状，忘记了周围的一切。他们滔滔不绝地说着，冰心很少有插话的机会，她只坐在一旁听着，看到吴文藻那么专注，那么兴奋，她也感到分享的愉悦。

吴文藻的得意门生费孝通来了，他真诚地问候恩师和师母，话题很快地转到正在进行的高等院校的院系调整工作，中央人民政府政务院作出了《关于改革学制的决定》，为了贯彻决定，全国高等院校，以华北、华东两大行政区为重点，而华北又以北京、天津为重点，调整后，华北共设四十一所院校，北大和南开为综合性大学，清华和天津大学为多科性高等工业学校，新设立了许多学院……

吴文藻、冰心都为国家教育事业的发展而感到由衷的喜悦。

费孝通带着无奈的神情，告诉恩师和师母，燕京大学的理、法各科并入北京大学，工科各系并入清华大学，实际上燕京大学撤销了……

吴文藻、冰心听到这里，顿时心情黯然。燕京大学是他们魂牵梦绕的家园，他们婚后在燕园度过了十年青春岁月，在那里，周围有温暖的春风，头上有明净的秋月，燕园的温馨、甜美是他们在颠沛流离的苦难中的精神寄托，是他们心向往之的幻梦，如今，再度回归燕园的理想破灭了。

吴文藻和冰心还听说，北京辅仁大学（许多熟悉的友人都在那所学校任过教）原先的文学院、理学院、教育学院全都合并到北京师范大学。

在这次院系调整中，金陵大学、齐鲁大学、圣约翰大学、沪江大学、震旦大学的各系科也都分别合并到其他学校，这五所大学也都相继撤销了。

吴文藻对冰心说："高等院校这次的院系大调整，说是为适应国家经济建设、文化建设的需要，撤销的几乎都是教会学校。可以明显地看出，新中国的教育，要摆脱欧美教育的影响，学习苏联的教育体制……"

冰心没有思考教育体制的问题，只是带着伤感的心情说："金陵大学也撤销了……"

豪爽的郑振铎来了，三十多年的故知，远别后的重逢，他高兴地说："听说你们回来了，我真是高兴极了，老朋友都盼着你们呢！"

冰心文静地说："振铎，你怎么样？家里人都好吗？什么时候到北京的?”

“好！好！我们都顶好的。我是在北平刚解放不久,秘密绕道香港,冒充船员,上了开往烟台的轮船。中途遇到国民党军舰来盘问,轮船改道。到了烟台就有解放军和市府人员来迎接,乘车北上,沿途各站都是欢迎会,到北平时,叶剑英市长还到车站迎接我们。”

“我们这次回来,以到香港置装为名,可是到了香港,就在一个学生家里隐蔽起来,也是他们把我们秘密送上轮船……这两年你都做些什么?”

“先是参加筹备中华全国文学艺术工作者代表大会,接着被推举为代表,去捷克参加第一届世界保卫和平大会,回来后就是政治协商会议。你们都了解,我一贯喜欢收藏古代文物、图书,过去只能自己和几个朋友来做,费尽苦辛。现在让我主管全国的文物、考古工作,制定出保护古代文物的政策,全国各地的政府都要贯彻,历史文物的保护就有了基本的保证,这同过去相比,真是大不相同了……”

郑振铎越说越兴奋,冰心从他那手舞足蹈的讲说中,感受到新中国的成立使她面前的这位老友,精力更充沛了,勇气更大了,想象力也更丰富了。

郑振铎接着说:

“许多工作,在解放前多少年想做而不能做的,如今作为国家文化部门的一项任务,动员人民一起来保护、发掘,怎能不为促进中国文学艺术的发展,而贡献出自己的全部力量呢!”郑振铎的信心和决心,深深地感染着冰心。

老舍也是经过联系,得到冰心的住址,就赶到洋溢胡同来了。不巧,这天冰心正卧病在床。老舍进屋后便拉过一张椅子,坐在床边，眉飞色舞地谈着解放后北京的新人新事，冰心凝神听着，似乎病情都减轻了许多。

冰心笑着对老舍说：

“您来了，不像‘清风入座’，乃是一阵热浪，席卷了我们一家人的心。”

吴文藻的老朋友罗常培闻讯也赶来了，他们都为在新中国首都重逢而格外愉悦，彼此询问在重庆别后的一切。吴文藻同从前一样，谈锋总是离不开学术问题。罗常培谈到目前的工作任务，又兴奋又难过地说：“你看我们祖国整个变了样了吧？现在大家加紧学习，加紧改造，好在建设祖国上多加一把劲，你们看我身体这样赶不上，叫人着急不着急？”冰心看他比从前衰老得多，头发都斑白了，就劝慰了一番。吴文藻心里隐隐地为老友忧心。

随后，许多老朋友都陆续来看望，他们带来的，都是在新中国生活和工作的舒畅和欢乐的气氛，给新从海外归来的吴文藻、冰心以极大的安慰和鼓舞。她渴望着早日结束这“隐居”的生活，在新中国的大地上，自由地展翅飞翔，全身心投入伟大的洪流之中，奉献自己的力量。

21.暖流在心里荡漾

初夏的夜晚，中华人民共和国政务院总理办公室副主任罗青长根据周恩来总理的嘱咐，专程来接吴文藻和冰心。

轿车行驶一会儿，罗青长轻轻侧过头来，笑着对吴文藻和冰心说:“快到中南海了!”

冰心暗想:中南海,昔日的皇家花园,而今,成了中央人民政府的所在地,指挥着全国亿万人民进行伟大的建设。

轿车戛然停在西花厅的门口,罗青长沉着地跨下车来,吴文藻和冰心也跟着下来了。

周恩来总理从门内迎了出来。罗青长赶忙为他们引见,周总理同他们紧紧地握手,笑容满面地说:“你们回来了!你们好啊?”

冰心和吴文藻“就像海上沉舟,遇救归来的孩子,听到亲人爱抚的话语那样,悲喜交集得说不出话来”。原先想好的问候总理的话,不知怎么搞的,统统飘到九霄云外去了。

周总理亲切地招呼冰心和吴文藻在他旁边坐下,未等他们开口,就热情地说:“冰心同志,我们有十多年没见了,你这一向身体还好?”

冰心暗暗惊叹周总理的记忆力,那是1940年冬天,抗日战争的艰苦时期,老舍先生主持的文艺界抗敌协会,为欢迎巴金、冰心等从外地来到重庆的文艺工作者的集会上,她第一次见到了周恩来。当时的情景又清晰地浮现出来:欢迎会刚开始不久,周恩来就从郊外匆匆地赶来了,他一进到会场,就像一道阳光射进阴暗的屋子里那样,里面的气氛顿然不同了,人们欢喜活跃起来了!周恩来和冰心以及其他几位新近从各地来的作家热情地握过手后,又讲了一些欢迎的话。周恩来像磁石一样,一下子把她的注意力吸引住了,她的目光追随着周恩来,看到周恩来不论走到会场的哪个角落,立刻就引起周围射来一双双钦敬的眼光、仰起一张张喜悦的笑脸。冰心由衷地发出赞叹:“他是一股热流,一团火焰,给每个人以无限的光明和希望!这在当时雾都重庆的悲观、颓废、窒息的生活气氛之中,就像是一年难见几次的灿烂的阳光!”

想不到这么快能在新中国的首都见到全国人民崇敬的周总理,冰心忙着向总理道谢。吴文藻看到周总理如此平易近人,对自己和冰心这样亲切,就把心窝里的话全掏出来:“我们原先一直教书,1940年底到了重庆。抗战胜利后去日本,只是想看看战后日本的情况,一年就回来,没想到形势发展得……”

周总理安慰似的说:“你们在日本,为我们党为我们国家做了许多有益的工作,你们对革命是有贡献的。”

吴文藻和冰心都感到由衷的欢悦,周总理是这样的理解人,句句话语都温暖着自己的心。坐在一旁的罗青长,目睹周总理对知识分子的尊重,深受教益,他默默地想着总理的话语和他的一贯的平等待人的作风。

周总理详尽地问了他们在日本的情况。

吴文藻把他在日本的经历选择重要的向周总理作了汇报。总理静静地听着,有时点点头,有时皱起眉头思考着,有时插话,跟他一起分析形势,有时从他所谈的情况中提出一些问题,以便作进一步的了解。

周总理关切地问道:“你们对今后的工作,有什么考虑吗?”

吴文藻和冰心几乎是不约而同地回答:“听从党的安排。”

总理的语气更加郑重了:“新中国刚刚建立,百废待兴,工作千头万绪,难免会出现一些缺点和问题,你们看到什么,就提出来,有什么想法和建议,也随时告诉我们。”

这感人肺腑的话语,如春风,如朝日,一股暖流在他们心里荡漾。吴文藻寻思,一个国家的总理,能够这样谦逊谨慎,虚怀若谷,对知识分子关怀备至,寄予殷切的期望,真是我们莫大的幸福!他抑制着激动的心情，诚恳地表示："好，好，一定按总理的要求做。"

周总理转过头去望了望正在聚精会神地听他们谈话的罗青长，他比总理小二十岁，总理很喜欢这个忠厚、精明能干的年轻人。总理对吴文藻说："平时你们有什么问题和意见，就直接找小罗谈嘛。"罗青长微笑着点头。

周总理的襟怀，像海洋那样坦荡、宽阔！他带着温蔼的笑容问："孩子们的学习都安排好了吗？"

冰心立即回答："儿子高中毕业就先回国来，考上了清华大学的建筑系，两个女儿都进了女十三中。"

"学建筑，很好嘛，我们的社会主义大厦，需要大量的建设人才……两个女儿打算学什么？"

"大的准备学历史，小的想学医。"

周总理沉思片刻，充满信心地说："我们的国际活动展开后，我国的威望将日益提高，同我们建交的国家会越来越多，外事活动也就频繁起来，需要许多精通外语的人才。你们家庭有这个好条件，两个女儿又有一定的基础，是不是可以跟她们商量一下，将来选学外语。"

冰心和吴文藻都十分钦佩总理的远见卓识，表示回去后要把周总理的关怀和意见向两个女儿转达。

时间在疾驰，千言万语还没来得及向最知心的亲人倾吐，午夜就匆匆地赶来了。工作人员进来，轻轻地说了句什么，周总理爽朗地笑着，请他们共进夜餐。

坐在总理的餐桌上，端起那碗黄澄澄的小米粥时，吴文藻和冰心心潮翻滚：在过去的半个世纪中，参加的宴请从国内到国外，无法计数，唯独今夜异乎寻常。冰心望着饭桌上摆着的四菜一汤，除了一盘炒鸡蛋外，其余都是很普通的素菜。她感到惊奇而又高兴，惊奇的是周总理的膳食竟是这样的简单，高兴的是总理没有把文藻和自己当作外人。

周总理从白天工作到子夜，依然是英姿勃勃，意气风发。秘书不时送进文件来，在总理耳边低声说话。啊，总理每时每刻都在为国家的建设操心，总理的时间是属于亿万人民的，格外珍贵，怎么好多耽搁呢？吴文藻和冰心只好依依不舍地告辞。

吴文藻清华毕业赴美留学时，父亲希望他选学将来能赚钱的专业，或者其他能光宗耀祖的学科。吴文藻却认为，国家贫穷落后，政府腐败无能，堂堂中国，尽受列强欺侮，而社会学是研究社会生活、社会制度、社会行为、社会变迁、社会发展以及其他社会问题的学科。为了寻找救国的途径，为了改造社会，他违背父志，选择了社会学。在燕京大学教学期间，他全身心投入社会学的中国化研究。

如今，冒着风险，历尽艰辛，奔回祖国，可是全国各个院校全部取消了社会学系，分建民族学系和劳动学系。他仿佛成了浮萍，失去了深深扎根的土地。他内心深处，涌起了一种难以言说的情感。

1953 年 10 月，吴文藻被分配到中央民族学院任教，担任研究部国内少数民族情况教研室主任。一贯认真、严谨的吴文藻，全力投入教学工作，编写讲义大纲，为教学和科研工作的发展制定了许多战略设想，用英文撰写了《中国少数民族情况简述》，向国外介绍了我国许多少数民族的情况。

在中央民族学院，吴文藻与潘光旦从事相同的专业，常有机会共同商讨切磋教学与科研中的问题。他重点培养的学生费孝通担任中央民族学院的副院长，他的学生陈永龄、林耀华也都在学校工作，他们对恩师吴文藻都很尊重。冰心看到吴文藻有了新的工作目标与设想，感到欣慰。

1954 年 3 月 23 日，中华人民共和国宪法起草委员会第一次会议在北京举行。会议决定将宪法草案初稿分发给中国人民政治协商会议全国委员会，以及各大行政区、各省市的领导机关、各民主党派、各人民团体的地方组织和武装部队的领导机关进行讨论，广泛征集各方面人士的意见，并要求在最近两个月内完成对宪法草案初稿的讨论和修正。冰心和吴文藻参加政协全国委员会组织的宪法草案初稿座谈会。在政协会议室每周三个半天的讨论会上，冰心认真听取了刘清扬、谭惕吾、雷洁琼、张曼筠、曹孟君、龚浦生、浦熙修、沈兹九、韩幽桐、史良、章蕴等许多同志的发言，并在会下同老友新知亲切交谈。

燕京大学的毕业生、吴文藻教授的高足关瑞梧，也应邀参加这次座谈会，她总喜欢跟随在冰心左右，像“警卫员”一样护卫着二十年前的师母，追忆青年时代“赖”在吴宅的情景，征求冰心对她会上发言的意见。刘清扬、史良都是抗战时期在重庆时结识的坦诚的好友，她们见到冰心，都为能够一起商讨中华人民共和国第一部宪法草案而感到无比欣慰。冰心也由衷地感激她们在极端复杂的政治环境中对自己真诚的帮助。雷洁琼在这个座谈会上极为活跃，几乎每次会议，她都作了长篇的发言，时而阐述宪法的特点，时而提出宪法的条款应做哪些调整，时而论说宪法要增加某些内容……二十多年的密切交往，凝结了深厚的情谊，冰心听着，倍觉愉悦。休会时，雷洁琼对冰心也格外尊重和亲热。冰心根据自己的理解，作了发言。

吴文藻对宪法草案中规定的“中华人民共和国公民有受教育的权利。国家设立并且逐步扩大各种学校和其他文化教育机关，以保证公民享受这种权利”等条款，从教育学的角度和提高民族素质的角度提出了自己的看法与见解。

宪法草案初稿经过各方面人士的讨论，提出了修改意见共五千九百多条，起草委员会对这些意见进行了详细的周密的研究和讨论，吸取许多合理的意见。宪法草案经过反复修改后，6月14日，中央人民政府委员会举行第30次会议，一致通过了《中华人民共和国宪法草案》和《关于公布〈中华人民共和国宪法草案〉的决议》。

吴文藻在这年12月召开的全国政协会议上，当选为第二届全国政协委员，为团结全国各族人民，实现党在过渡时期总任务而献计献策。

冰心则当选为第一届全国人民代表大会代表，看到吴文藻被选为政协委员，她的心里格外高兴。

由于中央民族学院是一座新建的大学，没有清华、燕京那样有几十年建筑的基础，一切都要新建，各方面的设施都很简陋。

吴文藻正式分到中央民族学院后，学校的管理部门就分给他学院的一栋宿舍楼——和平楼的房子。1955年，吴文藻、冰心一家就迁到和平楼二楼的一个单元里来。

1956年，是中国知识分子的春天。年初中共中央召开关于知识分子问题的会议，中央各部门的负责人共一千二百多人出席。周恩来总理作了重要报告，中心是充分动员和发挥知识分子的力量，为社会主义建设服务，成为完成过渡时期总任务的一个重要条件，明确指出知识界的面貌六年来已经发生了根本的变化，并代表党中央郑重宣布：我国知识分子的绝大部分已经是工人阶级的一部分。应该改善对知识分子的使用和安排，给以应得的信任和支持，给予必要的工作条件和适当的待遇。报告向全党、全军、全国人民发出

冰心在北京的创作室里

了“向科学进军”的伟大号召。毛泽东主席到会讲了话:技术革命、文化革命,没有知识分子是不行的。中国应该有大批的知识分子。他号召全党努力学习科学知识,同党外知识分子团结一致,为迅速赶上世界先进科学水平而奋斗。一系列新兴的科学技术:原子能、喷气技术、半导体、电子计算机、自动化技术相继建立起来,全国掀起向科学进军的热潮。5 月间又提出“百花齐放、百家争鸣”的方针。

在新形势下,各民主党派的工作空前活跃,相继召开全国代表大会,修改章程,讨论和确定在社会主义高潮的形势下的方针和任务,号召全体同志在伟大的社会主义事业中,高度发挥积极性和创造性,尽心竭力做好自己岗位的工作,为社会主义事业贡献一切力量。同时也加强了组织发展工作。

在中国民主同盟第二次全国代表大会上,罗隆基被选为中央委员会副主席。他 20 年代在美国留学时结识冰心,又是吴文藻的清华同学,为了扩大民盟的队伍,吸收有影响的人士作为盟员,他专程看望吴文藻、冰心,动员他们二人加入民盟。吴文藻历来处事沉稳,表示需要经过慎重的考虑后,再作抉择。冰心考虑到民盟的前身是中国民主政团同盟,成员不单纯是文教科技界高、中级知识分子,可能人际关系较复杂些。罗隆基尊重他们的意见,再次向他们说明中国民主同盟的宗旨与任务,请他们加以考虑,告辞时说过些日子再来……

不久,雷洁琼来看望冰心和吴文藻,她们互相询问了近况后,又谈起了国际国内的形势。雷洁琼和她的爱人严景耀都是中国民主促进会的发起人,这时分别担任民进中央委员会文教部和宣传部副部长。雷洁琼说:"在目前的新形势下,你们应该参加一个组织,大家一起搞民主运动,参加国家建设工作……"

"民盟、九三学社的人都来说过,要我们参加……"冰心说。

"我们民进成立时是以促进民主政治为宗旨,主张实现和平、民主和统一。现在更是在共产党领导下的合法组织,我们的会员主要是文化、教育、科技工作者和中、小学教师……"

吴文藻同雷洁琼的交谊是深远的。1931 年雷洁琼从美国回来,就到燕京大学社会学系任教,冰心对她十分关照。"一二·九"运动中,是雷洁琼随时将学生运动的消息带给卧病的冰心。1946 年 6 月 23 日,上海各界人民团体为了制止国民党发动全面内战,推举马叙伦、雷洁琼等十一人,组成代表团赴南京请愿,呼吁和平。代表团到达下关车站时,特务暴徒殴打代表团成员,雷洁琼奋力抵抗,被打得昏迷过去。送进医院后，当时人们都说是国民党南京政府策划的，谁去看望都要惹麻烦，大家都不敢同代表接触。吴文藻和冰心却不顾一切，特地到医院去探视，慰问雷洁琼。国民党政府筹备召开国民代表大会，要冰心和清华大学校长梅贻琦竞选国大代表，雷洁琼给冰心写信，告以当时的国内形势，冰心拒绝参加竞选国大代表。

基于对雷洁琼的信任，也为了省得其他民主党派来动员，吴文藻、冰心经过短时间的考虑，下了决心，1956 年 7 月，冰心和吴文藻由雷洁琼、严景耀介绍，加入中国民主促进会。8 月，在民进第二次全国代表大会上，吴文藻、冰心被选为中央委员。

这期间，民进中央每周有固定的政治学习，有时在晚上举行，冰心和吴文藻从西郊赶到城里参加，他们对待学习很认真，也很虚心，常常坦率地说出自己的想法。冰心说话风趣诙谐，大家都爱听她的发言，她使学习会开得生动活泼，充满欢声笑语。①

22.心灵的创伤

1957 年初夏，全党展开了整风运动，深入地反对官僚主义、宗派主义、主观主义。领导干部检查思想作风，并发动群众帮助党整风，对党的工作提出批评和建议。为了广泛征求党外人士的意见，中共中央统战部特地邀请各民主党派负责人和无党派民主人士参

① 毛启邠：《冰心与民进》，载《永远的冰心》，开明出版社，1989 年 6 月版。

加座谈会,对党的工作和国家政治生活提出批评和意见。

北京大学的学生受到中央统战部召开一系列知识分子座谈会的激励,开始在墙上贴出大字报,内容涉及各个方面,诸如教育照搬苏联的模式。高校课程过度政治化,党员对党外教师、学生的宗派主义等问题。

吴文藻应邀参加座谈会。在会上,一贯稳重的吴文藻,本来不想发言,在会议主持人的坚请下,忠厚的吴文藻把自己平日看到的、想到的社会生活中存在的问题,提出了中肯的意见。他还对总务处长在学校管理工作上的缺点,提出了批评。

中央民族学院有位干部,假惺惺地到和平楼来看望吴文藻和冰心,并且热烈兴奋地谈起当时众人议论的国际形势和大字报、大辩论中提出的问题。由于是多年的老朋友,吴文藻便毫无顾忌敞开思想,随便说说对一些问题的点滴看法,随着友人告辞后,也就像炊烟一样,飘散得无影无踪。

7 月 1 日,《人民日报》发表了《〈文汇报〉的资产阶级方向应该批判》,掀起了一场震撼神州大地的反右派运动。

中宣部的一位负责人,召集一批学者,在北海开会,征求对社会学这个学科设置的意见。与会者认为,社会学以人类的社会生活及其发展为研究对象,从而揭示存在于人类各历史阶段的各种社会形态的结构及其发展的过程和规律。尽管民族、宗教的研究发展成为独立的学科,但并不影响社会学的存在和发展,因而应该把解放后取消的社会学恢复起来。社会学家们基于自己对所从事的科学领域的热爱,说到取消社会学时,难免有些激动。这也成了向党、向社会主义进攻的右派言论。

吴文藻万万没有想到,中央民族学院的那位来访"朋友",居然将吴文藻在家里同他闲聊的那些话，作为右派言论向领导汇报。加上吴文藻在帮助党整风中给中央民族学院的总务处处长提的意见，就这样把吴文藻定为反右斗争对象。

一天，雷洁琼突然接到通知，让她到中央民族学院给吴文藻教授提意见。会场里有人就提出要吴文藻交代怎样猖狂向党进攻的？接着是一片“坦白从宽，抗拒从严”的呼喊声。雷洁琼对吴文藻深有了解，知道他不会反党、反社会主义，听到会上有人揭发他的言论，雷洁琼便说：“吴先生，以后讲话要小心点，特别是谈到一些大的问题时，要掌握分寸……”

这时人们把火力转向雷洁琼：“你到现在还是庇护吴文藻，明明是反党、反社会主义，根本不是什么讲话有没有分寸的问题，你的立场站到哪里去了……”会议主持人只好草草收场。

“众口铄金，积毁销骨。”吴文藻受着一次又一次的批判、斗争，众口一词：你就是反党、反社会主义。

吴文藻想据实辩解，但哪里容得他的解释呢，他刚要开口，就被口号声压下去了。吴文藻是一个特别认真、严谨的人，他不能忍受这种不公平的对待，那些无端的诽谤，恶意中伤的话，深深地刺伤了毫无防备的吴文藻的心灵。

中山大学的一位教授，来到北京，想见见老朋友，可惜逗留的时间有限。雷洁琼便在前门的一家馆子里，请了一桌原先搞社会学的朋友，特地邀请冰心。席间，冰心谈笑风生，为这次社会学界人士聚会增添了诗意和乐趣。但是，出人意料，经过反右斗争，几乎所有参加聚餐的社会学家都划成了右派。

1958 年 3 月，吴文藻、冰心的儿子吴平清华大学建筑系毕业后，分配到第二机械工业部四局学校设计科工作。刚开始要为祖国奉献才智，却被错划为右派。这个沉重的打击，让一个血气方刚的青年那颗纯洁的心如何安顿？

1958年4月，吴文藻被错划为右派，撤销了中央民族学院历史系“民族志”教研室主任的职务，连教书的权利也被剥夺了。这意外的灾难，真是一个晴天大霹雳。

吴文藻原先总是想以自己的才智培育众多的英才，使自己的国家不断进步，有很好的社会秩序，长治久安，造福人民。如今却被迫陷入逆境之中，他愤恨自己报效祖国的理想破灭了，健壮的生命就像折断了翅膀的鸟，再也不能展翅飞翔。

冰心和吴文藻一样，感到极大的委屈和沉闷，但她不敢把自己的真心话说出来，她深知吴文藻是个绝顶认真的人，如果说出自己的真实想法，就会在他的心里引起疑云，他的心就更乱了。因而冰心只得把自己的想法，隐藏在心里，只是违心地鼓励吴文藻说：“你还是按组织上的要求好好写检查材料，好好地‘挖’思想根源吧。”

一天，一位记者到冰心家里采访，看到吴文藻在他的小房间里，端坐在桌前沉思，记者离开时，还没等打招呼，吴文藻就把门关上了。冰心完全理解吴文藻的心情，她的心也同样强忍着痛苦。

吴文藻被迫写交代、做检查。冰心看他痛苦的神色，无法劝慰，默默地忍受着心灵的煎熬。她十分清楚，吴文藻是无辜的，他要是反党、反社会主义，何必辞掉公使的高位，放弃优厚的薪俸，放弃去耶鲁大学任教的机会，回到新中国来呢？

有的友人看到吴文藻的不幸遭遇，便对冰心说：“你们在日本时，那么多的人劝你们说，有这样好的机会，快到美国去。当时要是听大家的劝说，到美国去，就不会有现在这样的事了。”

“在东京，我们不肯到美国去，不光是为了自己，去了美国，连儿女也都送掉了。到了孙子这一代，连说中国话都不可能了，为了下一代，即使受此委屈，我也不后悔。”冰心不假思索，立即回说。

1958年，可以说是冰心从海外归来后最痛苦的一年，好端端的一个家，突然有三个被恶风卷下深渊。冰心心中的天地一下子旋转了起来，像油炸的一样，辛酸苦辣，不得平静。还得打起精神，来劝慰吴文藻，引导三弟和儿子。她把其他的一切都丢在一边，她不知讲了多少好话，写了多少长信给三弟和儿子。

冰心在参加各种社会活动时，依然从容地应对，但谁能想到她心中埋藏着那么大的痛苦和愤慨，那么多的委屈和无奈！

正当冰心迷惘、困惑，愁苦无告的时候，周恩来总理让邓颖超大姐派车来接冰心。在中南海的西花厅，邓大姐细细地问冰心一家的近况，特别询问吴文藻的具体情况。对邓大姐，冰心是无比信赖的，在这艰难岁月，找自己倾心细谈，世间能有几人？她怀着感激的心情，向邓大姐如实地倾诉了一切。邓大姐关切地说：“反右后，大家都跟他划清界限，朋友们也不来往了，现在唯一能帮助他的，就是你了。作为亲人，应该关心他，安慰他。”

这几句看似平常的话，仿佛从天上降下的甘霖，浇灌到干裂的土地上。冰心耳朵里注入的都是站稳立场，划清界限……而邓大姐却用关心、安慰这亲切的话语，冰心不由得眼里涌出了热泪，激动地说：“我一定好好帮助他。”

“这就看你的了！”

“请总理放心。”

冰心告辞时，邓颖超紧紧地握着她的手，冰心诚挚地向邓大姐致谢。

周恩来总理的关怀，使冰心那颗在狂风巨浪中飘荡的心舟有了依傍,得到极大的安慰。

1959 年 4 月 18 日至 28 日,冰心参加第二届全国人民代表大会第一次会议,冰心想到自己是右派家属,与代表们相处时,不像以前开会时那样活跃,沉默的时候多,有时还有意避开人群。可是,有的人却特地来寻她,戳戳她的痛处。一位女代表,摆出一副最最革命的面孔,严厉地责问冰心:“为什么你爱人反党、反社会主义?”

问题提得这么突然,又这么尖锐,在冰心的思想深处,吴文藻根本就没有什么反党、反社会主义,他一心拥护共产党,热爱社会主义祖国,他恨不得把自己的全部学识奉献给社会主义建设事业。这些话她能说出来吗? 那不成了为右派分子辩护了吗?

面对女代表咄咄逼人的目光,冰心只淡淡地说:“这个问题最好问他本人。”

女代表碰了一个不硬不软的钉子,仍然不甘心,又气势汹汹地问:“你整天跟他一起生活,他说的那些话,你怎么能容忍?”

冰心为了不致把局面弄得太僵,就心平气和地说:“我跟他一起从国外回来,党和国家对我的照顾特别好,各个方面都考虑得很周到。对他就不像对我这样。两个人共同生活,如果他一说什么话,我就去批评他,他就会觉得我盛气凌人……”冰心的一番话,说得那位女代表哑口无言。

这段插曲不知怎么很快就传到周恩来总理那里,周总理听后很不高兴,严肃地说:“开人代会嘛,怎么能提出这样的问题?”

周恩来总理特地让几位全国人民代表大会代表,专程去看望冰心。

1959 年 5 月 3 日,在中南海的紫光阁,周总理邀请全国人民代表大会代表、政协委员中的部分文艺界代表和委员,以及在京的部分文艺工作者举行座谈会。周总理作了《关于文化艺术工作两条腿走路的问题》的讲话。冰心听周总理讲:既要鼓足干劲,又要心情舒畅;既要力争完成,又要留有余地;既要有思想性,又要有艺术性;既要浪漫主义,又要现实主义;既学习马列主义,又要和实际相结合……她听得那样专心,手还不停地写着,她想把周总理的话尽量记下来。

会议结束时,周总理走到冰心座前,以雄浑的声音亲切地问:"冰心同志,你好吧?"

冰心没有想到周总理会过来,就连忙回答:"我顶好的,谢谢总理……"

未等她说完,周总理又关切地问:"吴先生怎么样?"

冰心将吴文藻的近况向总理作简要的汇报,刚谈了几句,女作家白薇过来了,笑嘻嘻地说:"总理,你给我们女同志设计一种好看的服装吧。"说着许多作家都围上来了,纷纷向周总理提出各种各样的问题和要求,总理应接不暇,那场面比答中外记者问还热烈。

回到家里,冰心的第一句话就是将周总理的关怀告诉吴文藻。吴文藻沉默片刻后,缓缓地说:"我们的总理,无论是才能、气魄、风度,都是当今世界上的政治家所无法比拟的,他那坦荡的襟怀,关心着千千万万的人民群众,更是难得的。有这样的总理,即使个人……"说着,他庄肃的脸上绽开了宽慰的笑容。

这年的9月16日,中共中央、国务院发布关于确实表现改好了的右派分子的处理问题的决定:"凡是已经改恶从善,并且在言论和行动上表现出确实是改好了的右派分子,对于这些人,今后不再当作资产阶级右派分子看待,即摘掉他们的右派的帽子。他们所在的单位,应当根据他们在工作和学习中的表现做出结论,在群众中予以宣布。”

根据这个决定，吴文藻在全国范围内，同一些知名学者，第一批摘掉了右派的帽子，工作也相应做了调整。

吴文藻与费孝通共同校订几种少数民族史志（当时称“三套丛书”）的初稿，为中宣部提供西方社会学新出名著的评介和资料摘述（有些还建议翻译成论文），为《辞海》第一版民族类词目撰写释文及审阅修订草稿，多次为外交部交办的边界问题提供大量资料及意见，还与费孝通共同搜集有关帕米尔及其附近地区历史、地理、民族情况的英文参考资料。

冰心看到吴文藻一如既往地勤勤恳恳、踏踏实实地做大量具体而很有价值的工作，她的心里得到了些许安慰。

北京师范大学的钟敬文教授，到中央民族学院和平楼拜访冰心。

钟敬文 20 世纪 20 年代就开始从事民间文学事业，参与组织中山大学民俗学会、杭州中国民俗学会，编辑《民间文艺》《民俗周刊》《民俗学集镌》。在学术思想上，早期曾受到西方人类学派和类型比较方法的影响。50 年代以后，曾与顾颉刚等六教授倡议重建民俗学，提出系统地建设民间文艺学的构想，并从多方面论述民间文学的文学、民俗学、社会学、民族学、历史学的价值。

这时期吴文藻正在校订几种少数民族史志的工作，便同钟敬文谈起了关于民族学和少数民族的事情，由于专业上有相通的地方，谈得很投机，谈话的时间基本上都是钟敬文和吴文藻在探讨学术问题，冰心和钟敬文只是偶尔谈些文艺界的近况。看到吴文藻能畅快地与友人交谈，不时自然地流露出愉悦的笑容，她心里感到轻松与愉悦。

1961年10月,长子吴平摘掉右派分子帽子。

1962年,东风吹拂着,鸿雁捎来了春天的信息。冰心相继接到儿女的来信,说今年夏天可以把假期凑在一起,找一个合适的地点,全家一起消夏。这给冰心带来无限的喜乐。自从1957年反右以后,儿子吴平下放到塘沽盐场,大女儿吴冰北京大学西语系毕业后,分配到甘肃兰州。四五年了,由于假期的参差,一家人还没有过一次团聚的机会。作为母亲,时时都在牵挂着儿女。在异国他邦,乡梦中见到的也是儿子吴平。经过反复的通信磋商,终于约好时间回北京来。一家人决定在最热的中伏,到香山饭店去住一个星期。三个孩子就忙着做准备。

冰心用爱怜的眼光看着在她眼前晃过来掠过去的三个孩子。

"日子很短,香山饭店一切都全,除了换洗的衣服,别的都少带吧。"冰心又针对吴文藻和吴冰总是"书不离人,人不离书",又补充了一句,"书更是一本也别带。"

可是到集中装箱的时候,游泳衣、遮阳帽、爬山鞋都搬来了,冰心笑着说:"你们简直就像要到南极去做几年探险一样……"

"游玩的时候不用,什么时候用呢?"孩子们异口同声地说。

冰心意外地发现还带有好些书,便说:"不是说好不带书吗?怎么……"

"你总说平常除了本行书之外,别的一概不看,现在我奉命不带本行书了,难道还不让我看看你一直给我介绍的几本小说?"吴文藻立即解释说。

吴平、吴冰也理直气壮地说自己所带的都是必须在休息的时间看的书:"不抓紧时间看,什么时间看呢?"

冰心只好把衣服、书籍装了两个大手提箱。她自己又偷偷地塞进一大沓的信封、信纸,准备孩子们出去游玩时,她可以还一还信债。冰心又想起伏天的大雨,是说下就下的,她把五双雨鞋收拢来,装进一个大网兜里。接着又把常用的药装了一匣。

出租汽车到了门口,大家喧笑着把“行李”提到车上,司机笑着说:“你们是搬家呀!”逗得吴平、吴青都大笑起来。

一家子五口,终于坐上了汽车。吴文藻坐在司机旁边,吴平和吴青从一上车就又说又笑,平时比较文静的吴冰,也不时插上来,吴文藻被后座的纷纭笑语引得微笑起来,冰心说着、听着,看看吴文藻和三个儿女,心里有一种说不出的幸福和满足。

在香山,吴平、吴冰、吴青爬了“鬼见愁”,逛了碧云寺,又到昆明湖游泳。冰心和吴文藻两次进城会见从外地来的朋友,在香山饭店里,遇到了许多熟人,常来串门。

吴文藻刚拿起一本小说和一支红铅笔,正想聚精会神地去分析研究,叩门声响,几位朋友来了。他怕冰心说他三句话不离本行,便招呼友人说:“我们出去走走吧。”几个人笑着走了。

冰心坐下来准备安静地写信了,可是住在香山饭店里的作家们前来拜访,还拉着她去看望别的友人,在香山度过了热闹忙乱的五天。三个孩子感到越玩离家越近,不如回家,没有住满一星期就提前回家了。

吴冰提起在香山看的意大利电影《她在黑暗中》时说:

“演技细致,情节动人,充分表达出资本主义制度下的人民悲惨的生活,看得人人下泪。”

吴青接着说:“散场出来,我的心上沉重得像压着一大块石头似的。但是我回到屋里很快就睡着了,我自己宽慰说,难过什么?在我们这里,就没有这种悲剧!”

吴冰看了她一眼,笑说:“你总是只顾自己的。”

吴平也笑了:“她永远是个傻丫头,再难受也不过五分钟!”

冰心和吴文藻听着儿女们“吵架”,对视着会心地笑了。

23.坚忍地咽下各自的冤抑和痛苦

春云,凝重、愁惨,失去了昔日舒卷自如的风韵;心魂,迷惘、痛苦,灵感的宫门紧紧锁闭;忧思,像墙角的蜘蛛网,无头无绪,剪不断,理还乱……

1966年4月,林彪支持江青炮制的《部队文艺工作座谈会纪要》传达后,对文艺界又是一次强烈的地震。纪要说什么文艺界“被一条与毛主席思想对立的反党反社会主义的黑线专了我们的政……”“有一批反党反社会主义的毒草……要坚决进行一场文化战线上的社会主义大革命,彻底搞掉这条黑线”。

每年5月都是冰心最繁忙的月份,各种少年儿童的报刊,纷纷前来约稿,为庆祝六一儿童节撰写文章,今年却冷寂得异乎寻常。《人民日报》最醒目的版面上,分明排着《横扫一切牛鬼蛇神》,说要“把所谓资产阶级的‘专家’、‘学者’、‘权威’、‘祖师爷’打得落花流水,使他们威风扫地”。这充满火药味的文字,使善良、温厚的吴文藻和冰心胆战心惊。当天《人民日报》刊登了北京大学聂元祥等七人的大字报。

一石激起千层浪,各大学的校园里到处糊满了大字报。在这个特殊的政治环境里,只要一个人头脑发热,可以不要任何根据,就把历来受人尊敬的学者、教授、作家等"揪"出来，扣上"黑帮""反动权威""保皇派"……的政治帽子，推进横扫的行列。随着清华大学附属中学、北京大学附属中学出身于革命干部、工人、贫下中农家庭的一些学生成立"红卫兵""红旗战斗小组"，在校内开展批判活动，各种各样的红卫兵组织遍及各个学校。

吴文藻是中央民族学院的教授，又是中国社会学的开山祖、深有造诣的人类学家。尽管1959年就已经摘掉了右派分子的帽子，但在这浊浪滔天的红海洋中，在这"造反有理"的岁月，又一次遭到灭顶之灾。家门被糊上了大字报，勒令交代罪行，强迫劳动改造。年逾花甲的吴文藻，咬紧牙关，尽力干些造反派分派的杂活。他在拔草时，看到伤残的潘光旦端着一张小凳子，坐着拔草，每当移动时，很艰难地挪着小凳子。有时派给他的活，不能坐着干，他迫不得已，只能一条腿跪着干。吴文藻、冰心看到学问渊博的潘光旦这样，内心痛苦到了极点。但是，在造反派的监督下，谁敢去帮他一把呢？若是挺身出来替潘光旦减轻一点负担，其结果只能给潘光旦带来更大的灾难。

冰心是中国作家协会的理事，1963年又担任作家协会书记处书记，作家协会的造反派岂能轻易放过她，冰心被揪到东总布胡同22号的中院。可能由于紧张，她在回答质问时，偶尔将报社说成了报馆，就被说成是"自然暴露"，是"顽固坚持国民党立场的表现"，遭到好一顿训斥！她站在那里，认真辩解道："我是反对国民党的！"

"你反对?！为什么用的是国民党的语言？回答！"

"那不是国民党的专用语，那只是一个旧词儿……"冰心哭笑不得，低声说。

9月1日，一群红卫兵闯进了吴文藻、冰心的家，他们不由分

吴文藻、冰心摄于20世纪60年代

说，东翻西找。红卫兵从她的书桌抽屉里抄出许多她出国访问时同外国朋友的相片，一个红卫兵将相片高高地举在手里，厉声问："这是什么人？"

"有的是出国开会时与外国代表的合影，有的是接待外宾时的留影。"冰心作了解释。

红卫兵又质问："你从1951年回国后的十几年中，为什么到国外去了十几次？什么日本、印度、埃及、英国、意大利……你同外国人干了些什么勾当？"

众所周知，在20世纪五六十年代，所有出国人员都是由国家派遣的各种各样的代表团，全部团员都是经过严格审查的，是上级有关部门，甚至是中央定的，任何个人想出国，都是不可能的。面对红卫兵的责问，冰心想说："我能自己想出国就出国吗？"

还没等冰心开口，红卫兵们就凭这些照片，断定说："你准是国际间谍！"说着，他们又忙着七手八脚地翻检东西了，凡是他们认为可以作为“罪证”的，凡是可以跟“四旧”牵扯上的，统统搜出来；他们认为没什么用的，就往地上乱掷……

这位拥有至诚的、博大的爱，又以纯洁的爱献给少年儿童和一切人的女作家，在六十六年的生活经历中，从未见过如此失掉人性的、凶恶残暴的青少年。恐怖包围着她，她不知道这些“造反派”究竟要干什么。

造反派们肆无忌惮地折腾够了，只听头头狂叫着：“战果辉煌，撤！”

红卫兵们把冰心几十年积攒的珍贵的东西，纪念品、照片、衣物、手表……全部裹挟而去，没有任何收据，就扬长而去。被抄后的家，从卧室到客厅，遍地狼藉。她的心被强暴的行动撕碎了，再也没有心力去整理它，她颓然地坐了下来，陷入极度的痛苦之中……

1966 年 10 月 6 日，中国作家协会革命委员会勒令冰心到作家协会集训。地点在东城区顶银胡同，在这里集中的有李季、张光年、严文井、张天翼、刘白羽……

为了便于监管、批斗，1966 年 11 月 7 日作家协会的造反派便将顶银胡同的“牛棚”，移到文联大楼四楼一间办公室里，他们除了挨批挨斗外，还要承担四楼的清洁工作。

有一天，冰心从西郊的寓所赶到城里，刚进门，迎面是一位深受群众欢迎的知名作家正在挨斗。造反派的怒斥声，震耳欲聋，红卫兵一手揪着作家的头发，一手死命按着他的脖子，强迫他低头认罪。这场面把冰心吓坏了，她极力让自己镇静下来，可是怎么也控制不住。这时在群众的座位里传来一声：“谢冰心，滚回去，这里没你的事！”这位善良的人，以革命群众的名义，把冰心从狼狈不堪的境地救了出来。

造反派勒令冰心参加斗争会，她只感到一阵狂热的怒潮，把一个又一个她平日尊重、熟悉、亲近的文艺界领导、朋友揪上台去。轮到她了，她犹豫了一下，就缓缓地顺着前面的友人的路线，站到一边，耳朵里只听得慷慨激昂、声色俱厉的“打倒”“斗倒”“横扫”的口号声，其他似乎没听清什么，心里只是茫然，脑子里仿佛什么也想不起来，只有一片空白。

灾难接踵而来，有一天晚上，造反派把冰心揪去，单独批斗，批斗会上，造反派质问她：“你在日本都干了些什么？为什么要回来？你是怎么回来的？你要老实交代！”

冰心和吴文藻在日本，与中国共产党地下党党员谢南光以及其他进步人士一起，策划国民党驻日代表团起义，还担负一些联络工作的任务，这些都涉及党和国家的机密，这怎么能随便说呢！冰心狠下决心，在这个关键问题上，必须守口如瓶。冰心的态度，弄得造反派也奈何不得，只好自己找台阶下，让她回去好好考虑，再老实交代。

周恩来总理得知作家协会的造反派在追查冰心在日本的情况，就让秘书给作家协会挂电话：“你们不要问冰心在日本的事了，她的这一段历史，我们都了解……”

因为有了国务院的指示，造反派从此就没有再提这方面的问题了，又是周恩来总理使冰心从“国际间谍”的陷阱中解脱出来。

整个国家都笼罩在阴霾里，所有的亲朋好友几乎都陷于灾难的深渊。吴文藻教授被作为“反动权威”，早就进了中央民族学院的“牛棚”；二弟谢为杰是化工部的总工程师，无疑也逃脱不了反动权威的厄运，随时被拉出来批斗；三弟谢为楫在荒僻的西北，同样处在水深火热之中。所有的老友新知，都顶着“走资派”“叛徒”“黑作家”“修正主义分子”“黑帮分子”等罪名,在挨批挨斗。

冰心带着滴血的心灵,拖着柔弱的身躯,每天清晨和夜晚,奔走于西郊和东城之间。有一天,冰心在7路公共汽车上,猛然看见康克清大姐,又惊又喜。转念一想,这位战功显赫的开国元勋朱德总司令的夫人,全国妇女的领导人也同样处在困境中,冰心的心不住地往下沉,比自己受伤害更难受。此时此刻,她能对康大姐说什么呢?倾诉?安慰?她凝视良久,康大姐也望着她,隔着人群,两双布满愁云的眼睛,传达着彼此的关切……

在作家协会的“牛棚”,冰心也和其他作家一样,必须规规矩矩接受造反派的监督,让写交代材料,就得按时交出来。作家们与外界几乎绝缘了,会人要报告,来信要登记,什么人身自由全没有了。

午间有一个多小时的休息,臧克家等人都躺在桌子上眯一下。冰心就用手帕蒙住脸,坐在椅子上,闭目养神。她看到一起受难的友人没有手套,在这样的困境中,还替友人织手套呢!她不为目前困难所压倒,精神上保持乐观,有一种光明必定会战胜黑暗的气概。

有一天,冰心正在文联大楼的楼下“劳动”,她以纤秀的手,抹着桌子,身后忽然传来:“谢奶奶,我来看您来了!”

在这年头,在被“专政”的环境里,充斥双耳的尽是口号声、怒斥声、批判的空话、严厉的训话,哪来如此亲切、温柔的呼唤!冰心转过身来一看,原来是她采访过的五个孤儿中的女孩周同庆。她感到惊奇而激动。

同庆靠近她问:“奶奶,您好吗?”

“好,好,奶奶很好!”冰心连忙答道,说着声调也变了,她立即镇静一下,说,“孩子,你赶快走吧,这不是个好地方,我会连累你的。”

“我不怕,谢奶奶,您是好人!”周同庆摇摇头说。

冰心听到小孩子从心灵深处发出来的贴心话，尽管旁边站着监管的人，她也禁不住流下了热泪。周同庆的意外探望，给逆境中的冰心以极大的安慰，留下了最深刻的记忆。

1967年2月，军宣队来到中央民族学院，军宣队的负责人恰好是李克农的儿子李力。李克农是安排冰心和吴文藻回国的领导人，冰心从日本回来后，第一次宴请就是李克农出面招待他们。李力了解吴文藻和冰心在日本的情况，这时吴文藻正在受批判，造反派要他交代在日本的问题。李力了解内情，表面上对吴文藻严厉，内里对吴文藻很好，这也减轻了冰心精神上的压力。

同年夏天，中国作家协会的造反派，把挨批判的知名作家、评论家弄到北京南郊红星公社，与农村的地主、富农同台批斗。造反派批判发言说：这些作家是没有土地的地主，没有工厂的资本家。冰心被诬陷为"黑作家，司徒雷登的干女儿"。在那红潮翻滚的年代，就连红星公社也要天天读毛主席的书，刚好《毛泽东选集》第四卷上有《别了，司徒雷登》这篇文章，这可了不得了，连毛主席他老人家都批判过的司徒雷登，肯定是个大坏蛋，而大坏蛋的干女儿就站在台上。大敌当前，一时口号声、声讨声接连不断。

冰心认为完全不符合事实，就如实解释说："我不是他的干女儿，我只是认得这个人。外国人没有干女儿这一说，也不兴认干女儿。"

"住口！不许狡辩！"

"打倒司徒雷登的干女儿谢冰心！"

在这颠倒黑白、有口难辩的情势下，冰心只得闭口不言，默默地站着，听那无休无止的批判。站的时间实在太长了，她身心都难以支持，头上的汗水直往下流，她有点恍惚。

此时有人大声喊道:“谢冰心滚下去!”

她缓缓地离开土台,有人指点她到草垛子那边去休息。冰心坐下来后,她心里明白,是那位喊她下来的人帮了她,使她没有晕倒在土台上。在那失掉人性的年代,毕竟还有善良的好人。

冰心是大海的女儿,她有着博大的胸襟,在那艰难时世,她依然是“世事沧桑心事定”,那时所有的书都成了封、资、修的货色,无书可读,她拿着英语小辞典低声吟读里边的单词。她曾对同室的人说:“你看英语 Nehru(尼赫鲁)这个词发音是很轻的,但译成中文,发音就重了。”

她热爱中国古典文学,喜欢它的词、句。常常对人说:“你看,‘桃李无言,下自成蹊’,这个句子多好!”

尽管外边的世界恐怖、纷扰,但她的心是坚强、宁静的。在片刻的平静时光,她仍然能够沉湎于念英语单词,背中国文学佳句这些美好的境界之中。

冰心还悄悄地对知友说:“我们在这里因为有四个柱子(四条汉子)顶着,算不上头号的,所以还好过一点。巴金在上海吃的亏就大了!”

她自己处在逆境中,心里想到的是远在黄浦江畔的巴金,替他担忧。尽管个人受尽委屈,依然心系祖国和人民。

她把自己积存的稿费拿出来交公,说:“别人是党员,可以交党费,我也没有这一项,我就交给公家,反正我自己留着也没什么用。我这是取之于民,还之于民。”后来,因为工宣队没法收,才作罢。

1969 年 2 月 8 日,作家协会的造反派召开大会,宣布“根据党的政策,放几个人到群众中接受监督审查批判”,其中有冰心等九人。冰心就这样算是很幸运地脱离了“牛棚”,但并没有获得完全自由，还得随时随地接受批判和再教育。

24.寒冬与酷暑的煎熬

仲秋，是北京的最佳季节。1969年的金秋，冰心再也无心欣赏北京的云影天光，因为这时的政治气候一片肃杀。

9月，中国文联各协会为贯彻执行“广大干部下放劳动”的最高指示，分别在湖北的咸宁和天津的静海，办了“五七”干校，各协会的人员，分别到两处干校搞“斗、批、改”。冰心年近古稀，无疑属于老弱之列，没有随作家协会的大批人员到干校去。冰心依然每天5点起床，6点50分出门，8点前从西郊赶到文联大楼。白天照例是学习文件，到了中午休息时间，她把从家里带来的炒熟的面粉，用开水冲调一下，就是一顿午餐，有时就吃点面包。天冷了以后，她赶到文联大楼，第一件事就是生炉子，没有生火的劈柴了，她只好到大楼下面去捡一点破碎的木头来引火。有时生一次炉子，要到大楼外捡好几次柴才生着火。她还利用午休时间，替别人织毛线活。有一天，冰心刚吃完炒面，就埋头织起来，让工宣队的一位师傅看到了，冷不丁地问：“谢冰心，你是不是《毛选》读够了？”

听着这不近情理的挖苦话，冰心一时语塞，但心里难受极了。

冰心没有料到，她将面临更为严峻的局面。

11月20日，《人民日报》发表《坚持干部参加集体生产劳动》的社论。各大专院校的教职员和干部，以及广大科技人员，就连老弱病残者，也都下放到“五七”干校劳动，或者到农村插队落户。

12月25日，中国作家协会留守的头头找冰心谈话，通知她立即到湖北咸宁去，要在短短的几天内，做好下干校的准备工作。

这次离开北京，不同于以往的出差，也不是短期参加劳动，而是要求"连锅端"。就是要在干校长期生活，要把全部需要的东西都带下去，实际上是一次大搬家，何况还是远距离的迁移，这对年近古稀的冰心来说，负担实在太重了。

一天，电车公司的人护送吴文藻教授回家，对冰心说："他在美术馆附近，从车上摔下来，头部受了伤，在积水潭医院缝了针……"

冰心惊恐中，赶忙安顿吴文藻休息。中央民族学院派人来看望吴文藻，为了照顾吴文藻，由中央民族学院出面，向作家协会代冰心请一星期假。电车公司相继派人来慰问。

冰心左思右想，反正中央民族学院很快就要到湖北沙洋"五七"干校去了。按照当时的政策规定，夫妻双方可以一起到一方的干校去，索性自己就随吴文藻到沙洋干校去算了。冰心向作家协会的工宣队提出这一合理的要求，工宣队却毫无商量的余地，一口回绝。随后又派两个人到冰心家里，说："还是到咸宁干校去更为合适，先到那里去接受工农兵再教育吧，以后等民院到了沙洋，再看咸宁和沙洋哪边更好些，如果沙洋好，还可以再迁过去。"

冰心无奈，只好接受这一现实，把文联大楼的钥匙交给他们。

时近岁末，电车公司派人来，陪同吴文藻到积水潭医院拆线。他们的负责精神，使冰心受伤的心灵得到些许的安慰。

1970年元旦过后，要将带到干校去的行李、箱子送到中国作家协会，统一提前托运。天公不作美，这一冬又特别冷，家里的炉子又灭了，使冰心更加忙乱。

1月5日，尽管吴文藻的伤未愈，家里没有人照顾，冰心满怀着歉疚，被迫忍心走了。她嘱咐吴文藻，好好养伤，要注意……随即匆匆赶往火车站。

冰心登上南行的列车，作家协会同行的共七个人，没有卧铺，只有硬座。列车向南奔驰，她望着车窗外枯黄、荒凉的景物，拿出毛线袜子来织，借以打发车上闷坐的时光。火车越往南开，沿途反而尽是雪，此时此刻，哪有心思欣赏雪景呢！只是更增添心中的悲凉。冰心看到窗外南飞的大雁，联想起北方的鸿雁从北往南飞，为了躲避北方的寒冷；而她今日的南行，却无计避开严寒，何况她的心，时刻牵挂着北京家里摔伤的亲人。

1月9日，冰心乘吉普车到干校所在地鲁家湾。这里原是劳改农场，是监督犯人劳动改造的场所。如今中国作家协会接收过来，作为全国知名的诗人、作家、评论家、艺术家、文艺界领导人的劳动场所。在这简陋的劳改农场里，集中了北京文艺界的许多人，作家中就有冯雪峰、沈从文、张天翼、臧克家、楼适夷、严文井、李季、郭小川、孟超、韦君宜、侯金镜、张光年，这一群文化人从此在这儿扎根落户。冰心被安排到五连，到连部后，张兆和来引冰心住进老乡的家，一间屋子住六个人。直到这时，冰心的行李还没有运到，她除了随身带的路上用的东西外，什么都没有。同屋的人，有的抽出一床被子借给她，有的借给她毛毯，让她度过在干校的第一个夜晚，她睡得很暖和，人们对她的善意和关照，带给她丝丝的暖意。

冰心到干校的第二天，先去参观猪圈，接着下沙地捡石子。冰心个子小，体质弱，在沙地上行走已很困难，再加上不断弯腰捡石子，倍感劳累。她和大家一起为菜地松土，又在紫菜苔周围挖月牙形的坑子，用以积肥。冰心在挖坑中因弯腰太久，到收工时已累得腰都直不起来了。

农民看到干校的菜都姓“公”，往往在没有人的时候，就来拔干校的菜。于是，连部派冰心、臧克家、张天翼轮流看菜园。每天轮流坐在田埂上，还要防范着鸡来吃菜。冰心手里拿着轰赶鸡用的棍棒，日复一日，她静静地坐着，默默地想着，迎面是一块稻田，远处是芦苇丛生的湖泊。

在干校，不仅体力上承受着超重的负荷，心灵上还要承受极大的压力。干校除劳动外，就是“高举大批判的旗帜”，各种批判会接二连三。冰心到干校不久，正赶上在韩家湾的坡上召开批判张天翼的大会，由张天翼作第二次检查，然后对张天翼的自白书进行批判。面对这种颠倒黑白、混淆是非的批判，冰心只有沉默。

冰心在北京时治疗牙疾，因下干校而中断，现在必须继续治疗。郭小川的情况和冰心相似。冰心和郭小川一起到干校的医务室开了证明书，再向连部打了报告。但是要到武汉看牙，必须步行几十里到咸宁，才能乘火车到武汉。冰心想到要走几十里路，心中难免有点发怵，但又转念，这也是一种锻炼，一定要克服困难，她下了决心，就等连部批准。

2 月 1 日的早晨，冰心正在为房东打扫环境卫生，她低头扫地，郭小川来了：“谢大姐，我们今天就走，李季说已经开了介绍信了。”

那天，正赶上阴天，冰心同郭小川一前一后，在田埂上穿行，从干校走到咸宁，整整走了四个小时，这对一位古稀女性来说，需要多大的毅力和耐力。冰心先到二弟媳李文玲处，借她那边的炉火，烤干路上弄湿的衣服，然后就赶到火车站。

冰心和郭小川同到口腔医院看牙，医生看了冰心的牙后，先要继续拔牙，然后再修牙。这位牙科女大夫，知道冰心是位著名的女作家，尽管冰心处于逆境，她依然特别细心，特别照顾，为她精心治疗。从医院出来，郭小川就对冰心抱怨说："你的那位大夫真好，你根本没有哼过一声；我的这个大夫好狠啊，把我弄得疼死了！"

2月5日，是阴历的除夕，在这传统的最隆重的节日里，即使远在天涯海角的旅人，也要奔回故里，与亲人团聚。而这年的春节，干校规定谁也不许回北京过春节。住在招待所的客人只有冰心和郭小川二人。忠厚老实的炊事员，还是很精心地替两位客人做了饭菜。

外出治牙期间，郭小川像照顾大姐姐一样照顾冰心。武昌的冬夜很冷，郭小川就为冰心寻来一个热水袋，使冰心晚上睡得暖和和的。冰心拔了牙，牙龈肿了，郭小川赶忙陪她上医院看急诊。冰心的表针丢了，郭小川陪着大姐去修表……

冰心和郭小川到医院拆了线，就乘火车回咸宁。下火车后，因为要走远路，为了减轻负担，他们把所带的冬衣、大衣、雨衣都套起来穿在身上，背着简单的行装，在泥泞的路上艰难地跋涉，走到干校时，累得气都喘不上来，这时作家协会的人却笑着称冰心和郭小川为"无耻（齿）之人"。

冰心刚回到干校，晚上李季就来说："北京让你回去，跟吴文藻那边一起下沙洋干校。"

第二天，冰心照常去看菜地，交班后回来，作家协会的两个头头儿来找她，说："中央民族学院下干校的时间很紧了，让你快走，你去搭军车走吧。"他们帮冰心收拾行李，冰心也手忙脚乱地把日常用的东西收拢起来，乘军用吉普车到咸宁，转乘开往北京的火车。

列车往北奔驰，车窗外尽是黄土平原，与湖北的丘陵地带大不相同了。2月12日黄昏，车抵北京站，冰心四处张望，没有找到来接她的人。她没法下车，四位女乘务员帮她拿行李，雇了一辆三轮摩托车送她回家。

冰心匆匆赶回北京，始悉中央民族学院原定2月7日开赴湖北沙洋“五七”干校，因故延期了。

中央民族学院安排冰心参加留校连五班一起学习、劳动。冰心和吴文藻一起筛土，往浇灌的混凝土上浇水。以后劳动分工专业化，冰心就专管浇水和修草席，直到初夏转去玉米地、白薯地里锄草。

1970年5月30日，中央民族学院革委会在小礼堂开会，宣布下放干部名单，冰心和吴文藻都在下放沙洋“五七”干校名单之中。

6月6日，中央民族学院下放人员集中出发，大门口锣鼓喧天，闹闹哄哄的，那锣声，那鼓点，敲打得那么起劲，可是丝毫没有唤起振奋的情绪。冰心的心仍然想着家里的小外孙，他们得不到母亲的精心照料，依靠姥爷、姥姥早晚照应，现在连姥爷、姥姥也远离北京，冰心怎么放心得下？

南下的列车，载着离愁与思念，奔驰而去。第二天抵达汉口，他们集体乘车到码头的候车室，午后，登上红旗8号轮船，船上拥挤不堪。作为特殊照顾，安排了一个卧铺，让冰心和吴文藻轮流休息，这也是平生绝无仅有的了。即使在如此艰难的条件下，两位古稀之年的伴侣，依然互相谦让，想方设法让对方多休息一会儿。轮船开到潜江县，下船后转乘大卡车赴沙洋。

到了沙洋，冰心被安排住在女集体宿舍，吴文藻则分在一间男集体宿舍里。冰心的房间在小学校的隔壁，这是一间朝西的房子，同屋的人都照顾她，把房间里的好床位让给她。

冰心刚到沙洋，正赶上麦收季节，她先是去麦地拾麦穗，再到打麦场拣豆子，到棉花地里拔草。后来她和蔬菜班的人一起，给西红柿掐尖、打杈、绑架子，到辣椒地、韭菜地拔草，锄地栽葱，摘西葫芦，摘扁豆。从下种、耕耘到收获，她都直接参与了。在菜地里干活，有时会遇到红小兵来替她打水，她感到愉悦，她在困境中，依然对孩子充满着真诚的爱心，赞美祖国的花朵可爱。

7月下旬，冰心随吴文藻重新分回历史系五连二班，五连的分工是种棉花，从此劳动的地点从菜地转到棉花地。

时值炎夏，骄阳似火，湖北沙洋的气温高达四十多度。五连正在锄棉花地，冰心就随着下棉花地，接着又给棉花打杈，去掉油条（叶枝，棉花植株上只长叶子不长棉桃的枝），可是油条和果枝难以分辨，经过十多天的实践，才基本上分清。棉花的枝叶越长越高，越长越密。早晨进入棉田，露水湿了衣裳，露水未干，汗水又湿透了衣服。在给棉花打完杈后，为了棉桃不落，又得打点农药，接着又要捉棉虫……在密不透风的棉田里，闷热、劳累，冰心头痛难忍，她只能靠服药来勉强支撑着。

秋收季节，玉米成熟了，干校召开掰玉米动员大会，冰心又投入了掰玉米的行列。收回来后，冰心就参加剥玉米的劳动。玉米尚未剥完，各种豆子的收获季节又到了，冰心又被派到晒麦场上抖绿豆，到地里收豆子，拣豆子。接着冰心又被安排到花生地里挖花生，挖完花生，又转到白薯地里挖白薯……如此繁重的农活，连年轻的壮劳力都感到难以适应，何况年迈体弱的冰心呢！她深感自己的气力实在不够用，难以应付班里分派给她的任务，但又有什么办法呢？

有一次，冰心下棉田，不知怎么搞的，误认了方向，在南头转了半天，没摘到多少棉花，她心里着急。下午转到北头，棉花多极了，就像雪花四溢，一伸手，就摘到许多，冰心心里也充满着丰收的快感，直到圆月已上、夕阳初下才收工。

冬闲，是从事农业生产的自然规律，但在“最最革命的年代”，什么规律也没有了，“五七战士”更是与“闲”字绝缘的。虽然早已霜冻，干校仍然继续摘棉花，冰心和吴文藻的手都冻僵了，坚持到收工后，用热水来烫烫，冰凉的手才慢慢暖和过来。

干校又动员全体人员：鼓干劲，要在三天内，突击采回地里所余的一万多斤棉花。为了完成突击任务，冰心跟大家一样紧赶快摘，回到住地，她腰酸腿痛，发现吴文藻因采棉花冻病了，她又强打精神，硬撑着为吴文藻煮红糖姜汤，让吴文藻喝下后，安排吴文藻好好休息。

冰心还参加修公路，用铁锹把路铺平后，等着压路机来压平。还有砖场劳动，那里每天要烧出三四千块砖，如此重活、累活，古稀老人照样需要承担。外头的活干完了，冰心就奉命搓麻绳，以备编草帘时用，冰心搓着搓着，由于天太冷，一双手似乎怎么也转不过来了。回头看看和她一起搓麻绳的吴文藻，那双手比她自己的更不灵活，仍在艰难地搓着。

1971年2月，干校的劳动开始进入大忙季节。冰心被派到砖场，先是打砖坯，这是烧砖过程中最基础的工序，连年轻的壮劳力都感到是最重最累的活，何况体弱的古稀老人！搬运完了砖，就转到机耕地种树。随后，冰心又被分配去挖水渠，这就必须全日都在堤上，连中午短暂的休息也不可能了，她感到自己的体力实在难以支撑下去。

进入3月份，冰心被派去参加积肥，地滑肥厚，走起来十分艰难，她小心翼翼地迈步，生怕滑倒。积的肥料，要撒在地里，要走很远的路。随后，冰心又被安排在地当中搭起三脚架，支上杀虫碗。刚刚犁过的田地又松又软，冰心眼看吴文藻挑着药水担子，在松软的地里，一脚高来一脚低，一趟又一趟艰难地行进，他脸上那极度疲倦的神色令人不敢相看。

沙洋的气候非常潮湿，冰心住的房子，地面是湿淋淋的，床上也是湿漉漉的，被子、床单好像从未真正晒干过。有人放在床下的鞋子，鞋筒里竟长出青草来了。与北京的干爽恰恰相反。入夏后，天气更加闷热，冰心有时心里感到郁闷。遇到这种时候，吴文藻就低声劝她说："气候条件是没法改变的，我们既然来了，只好慢慢地适应这里的环境……"

沙洋多雨，有时半夜里下起大雨来了，没多会儿，冰心的房间里也下起小雨来了。冰心就赶紧起来，找出一块塑料布，盖在蚊帐顶上，遮住落在床上的雨水，熬过这风雨之夕。有时睡到夜半，高音喇叭突然响起来，通知全体紧急集合，传达中央文件，又赶上了大雨，冰心听完传达文件，回到住处时，被子已经全湿了。匆匆忙忙打开收藏好的行李，把床上用品重新换了，才能继续休息。有时白天在大堤上开会，又遇上了夏天的骤雨，全身上下都湿了，湿漉漉的衣服，紧紧贴在身上，衣襟还在不住地滴水，她还要走很长的泥泞的小路呢！

1971年7月9日，在北京，周恩来总理同美国总统尼克松的国家安全事务助理基辛格博士举行会谈。7月16日发表会谈公告，公告宣布，获悉尼克松总统曾表示希望访问中华人民共和国，周恩来总理代表我国政府邀请尼克松总统于1972年5月以前的适当时间访问中国，尼克松总统愉快地接受了这一邀请。谁能料到，这次中美会谈，竟为冰心和吴文藻的生活提供了一个人们意想不到的机遇。

为了接待尼克松，必须对他有较多的了解，立即组织人员翻译尼克松的《六次危机》。这时,精通英语的知识分子,几乎全被放逐到全国各地的穷乡僻壤去了,为了完成重要的外事任务,必须迅速把他们抽调回来。

1971 年 8 月 4 日,沙洋“五七”干校五连召开全体大会,郑重宣布回中央民族学院的名单。吴文藻、冰心都列在返京的名单中。

冰心和吴文藻一起再去看看他们耕耘过的土地,走到棉田,看到自己汗水浇灌的棉花长得那么好,遥望干校四周青翠无边的田地,心里倒有点恋恋不舍。

8 月 7 日,冰心和吴文藻上车时,许多人都在路旁送他们。冰心回忆起去年 6 月 6 日离开北京,便对吴文藻说:“我们在沙洋干校待了整整十四个月……”

第五章

25.两张相对的书桌

1971 年 8 月 8 日,列车徐徐地驶入北京站,这座眷恋已久和熟悉的城市又展现在眼前。冰心和吴文藻的心情无比激动,一下车,就看到中央民族学院的领导到车站来迎接他们。上了汽车后,一路正逢大雨,冰心透过雨帘,看看久违的北京,一切都在朦朦胧胧中晃过去了。进入校园,雨依然下个不停,冰心和吴文藻只好用随身带回来的草帽遮挡风雨。

返京后,吴文藻分到研究院的编译室工作,冰心被安排在留守机关,到 8 月下旬,才调整到编译室。工宣队不时交给研究室一些任务,诸如查阅外国历史资料,编写一些国家的历史介绍,审阅外单位送来的书稿,写出审稿意见等。同时还要参加体力劳动,拔草、洗刷墙上的大字报。晚上挖防空洞。

9 月 8 日,中央民族学院决定退还抄家物资,通知冰心、吴文藻到 12 号楼领取 1966 年被抄走的东西。冰心实在不想去,就让沈阿姨去领。抄家物资领回来后，冰心仔细一看，原先在展览会上展出的东西都给退回来了，却没有强加给她的那“一盆银圆”。冰心把不是自己的东西：金表、旗袍、丝袜等统统退了回去，让它们物归原主。退回来的几十张同外国友人集体照的相片，几乎都已污损不堪，冰心一气之下，把这些珍贵的照片，一把火都烧成了灰烬。冰心将两块金表等退回去后，有人对她说：“既然这些东西都作为你的罪状展览过的，你干吗还要退回去呢？”冰心听了只是苦笑。

11 月 6 日，编译室接受翻译美国总统尼克松的《六次危机》中两章的任务。冰心和吴文藻都在中央民族学院研究室的三楼上伏案疾书，他们的书桌是相对的，其余的人都在隔壁或旁边。吴文藻和冰心每天早起 8 点到办公室，12 点回家吃午饭，饭后 2 点又回到办公室，下午 6 点才回家。他们过着极有“规律”的生活，冰心和吴文藻都感到安定而没有虚度了光阴！

冰心和吴文藻分担的部分，很快就译出来了。有的人稿子尚未译完，冰心就主动帮别人翻译。稿子全部译完后，大家传阅，最后将大家分别翻译的稿子，集中由冰心和吴文藻校改。冰心在校改过程中，看到有的教授译笔很好，译得也准确，不需要多加改动，进展也快。但是集体译书，总是参差不齐，有的译稿实在太乱，改起来比自己翻译还费事，她也只好耐心校改。

冰心和吴文藻共同负责统稿，他们二人译书风格各异，吴文藻是个十分严谨的学者，他对译文要求字字准确，因而个别地方为了准确，语气上就不那么连贯。冰心就和他商讨，要做到既符合原意，文字也要流畅。有时为了一段译文，两个人经过一番争论，才能定稿。在大家的共同努力下，编译室终于按时完成了《六次危机》两章的翻译任务。

尼克松的《六次危机》译完后，中央民族学院革委会主任李力召开编译室的会议。李力以商量的口气说："现在外单位找上门来，要翻译美国海斯、穆恩、韦兰合著的《世界史》，根据我们现有的情况，是否能接受这个翻译任务？"

经过讨论，大家都表示可以承担这项工作。随后，有关部门派人来，具体商议了翻译的有关问题。

冰心对翻译工作从来都是细致认真，精益求精。她认为从事翻译工作要"博览群书，学贯中西"，首先自己身体力行，并且处处为读者着想。

冰心开始仔细阅读《世界史》的原文，她看到美国学者撰写的世界史，上古部分写得很浅，也很简略。她寻找各种版本的世界历史著作，核对古代历史的史料，摘录了有关古代史的材料。

冰心和吴文藻、费孝通、林耀华等诸教授，正在集中全力精心翻译《世界史》时，中央民族学院的造反派们就起来造反了。

"我们大家都在闹革命，凭什么让老教授们搞业务？"

"为什么重用老教授？"有的甚至提出立即停止翻译工作。

最后还是李力出来说话："他们干他们的，咱们干咱们的，你们也不要去管他们的事。""他们有他们的长处，他们能做的事你们做不了，还有很多事情，你们能做吗？"

同时，李力代表学院又与几位老教授召开座谈会，说："翻译《世界史》是一件实实在在的工作，他们造他们的反，你们翻你们的书，不过你们尽量躲着他们就是了。"这样冰心、吴文藻等人才定下心来从事翻译工作。

《世界史》的翻译工作在积极进行中，1972 年的 11 月 4 日，李力又到编译室来，告诉大家，《世界史》的翻译任务完成后，还要翻译

吴文藻、冰心 20 世纪 70 年代末合影

韦尔斯的《世界史纲》。

1973 年,吴文藻在达特默思学院留学时的美国同学劳伦斯,通过多种途径,得到吴文藻的地址,他给吴文藻写了一封长信,同时给吴文藻寄来了社会学的重要著作十七部。从 1959 年到 1973 年最新出版的著作,几乎将二十多年来美英等国出版的重要社会学著作都寄了过来,这令吴文藻兴奋不已。

1973 年,冰心和吴文藻校改完美国海斯、穆恩、韦兰三人合著的《世界史》,把稿子交出去后,开始看《世界史纲》。当冰心看到基督教和伊斯兰教部分时,作者叙述基督教的兴起和西罗马帝国的衰亡,深深感到作者是很有见地的。她兴趣越来越浓,接着读下面的章节,更加得心应手。当冰心看到韦尔斯分析中国贫弱之根源时,竟追溯到那久远的年代,使冰心感到非常惊异。

韦尔斯的《世界史纲》是一部生物和人类的简明史，从地球形成、生物和人类的起源，一直到现代的世界历史都作了论述。作者还用较大的篇幅叙述了民族的形成和社会发展的历史，对各种历史事件的叙述着笔简要，边叙边议，文字生动。另外还附有一百零五幅地图和一百幅插图。冰心认为这是一部有参考价值的历史著作。

1974年夏天，厦门大学许怀中教授赴大连开会，回福建时在北京逗留，恰巧住在中央民族学院。那天傍晚，许怀中同陈老师出来散步，正巧遇到也在散步的冰心、吴文藻。陈老师向冰心介绍许怀中说："他是从福建来的！"

冰心喜形于色，由于当时"文革"尚未结束，许怀中向她道一声"珍重"，冰心连声说："谢谢，谢谢，向家乡人问好！"

1975年，袁鹰从干校回来参加一些编辑工作，一天他到中央民族学院组稿，接待的同志谈完正事之后，悄悄地问："谢冰心回来了，你要不要去看看她？"袁鹰心头涌出一阵意外的欣喜。

接待的同志带袁鹰走到一间大办公室，只见冰心同吴文藻伏案相对，正埋头校译，冰心连忙摘下老花镜，站起来握住袁鹰的手，连说："好，好，好！"

黯然握别时，袁鹰强忍住泪水，退出那间寂静无声的屋子。

《世界史纲》由吴文藻、谢冰心、费孝通、邝平章、李文瑾、陈观胜、李培容、徐先伟等八人共同翻译。这部历史著作，1982年10月由人民出版社出版。

多年以后，冰心在回忆这段译书岁月时，写道：

> 那时中国作家协会还没有恢复，我很高兴地参加了这本巨著的翻译工作，从攻读原文和参考书籍里，我得到了不少学问

和知识。那几年我们的翻译工作,是十年动乱的岁月中,最宁静、最惬意的日子!

26.解开锁闭心魂的绳索

1976年1月9日,冰心早晨起床以后,和往常一样收听中央人民广播电台的新闻,突然听到周恩来总理逝世的消息,这晴天霹雳使她悲痛至极,泪如泉涌。上午进城参加中国民主促进会组织的学习,会上人人坠泪,讲话时都泣不成声。冰心回忆起多次受到周恩来总理的关心和爱护,总理是那样的亲切,那样的平易近人。她还回忆起参加总理接待外宾时的情景,每次都是周总理从外面微笑着走了进来,大家立刻感到满座的春风,纷纷起立,周总理总是那样的从容大方,谦虚和蔼,周旋应对之间,谈笑风生。周总理的一言一行,一扬眉,一挥手,都得到客人们的全神贯注。

会后,外国友人总是对冰心赞叹说:"你们的总理,真是当今世界上少有的政治家!他关心的是全世界全人类的大事,他熟悉我们每一个国家的历史和文化,他甚至也知道我们每个人的经历。他的风度,庄重而又洒脱;他的谈话,严肃而又幽默。一次会见,就给我们以毕生难忘的印象。他使我们感到我们所从事的人民友好的工作,是有光明的前途的。有像他这样的人做国家的总理,是你们的幸福,也是我们友好人民的幸福。"

如今周恩来总理永远离开我们了,世界震动,举国哀伤。

10日下午,冰心到北京医院向周恩来总理的遗体告别,她怀着深深的悲痛，向周总理致最后的敬意。看到周总理的遗容是那样的消瘦，她从心灵深处发出声音：我们的总理，真是做到了鞠躬尽瘁！她默默地想：总理和我们永别了，我们当加倍努力，做好工作。

周恩来总理逝世后，冰心连日接待外宾，无不谈到周总理，无不伤心下泪。1月15日，冰心参加周恩来总理的追悼会，她看到会场简单肃穆，看到邓颖超大姐悲痛的神情，心里格外伤感。归途中，看到路旁人山人海，悲哀至极。

冰心设法寻来意大利摄影家为周恩来总理拍摄的彩色照片，镶在镜框里，挂在客厅的墙上。周恩来总理的遗照下，冰心摆上一个珍藏的香炉，这香炉是烧檀香的，烧后香气从孔中飞出来。

冰心又放上一瓶鲜花，从此，她每天将自己喜爱的鲜花，献在周恩来总理的遗照前。

冰心面对周恩来总理的遗照，给孩子们谈起周总理的生平事迹，个人经历中得到的周总理的关怀，她怀着深情说："我们都应该效法周总理，像总理那样地无私，顾全大局，艰苦朴素……"

清明节前夕，为了悼念周恩来总理，大批党员、工人、学生、干部自发地到天安门广场，在人民英雄纪念碑前献花圈、花篮，张贴传单，朗诵诗词，发表演说，抒发对人民的好总理周恩来的悼念之情。

1976年10月6日，党中央政治局执行党和人民的意志，采取果断措施，一举粉碎了江青、张春桥、王洪文、姚文元的反革命阴谋，取得了打倒"四人帮"的伟大胜利。20日，冰心听了中央文件的传达，获得这个大快人心的消息，她的心情极其兴奋。

北京城沸腾了！全国沸腾了！到处锣鼓喧天，鞭炮齐鸣，人们比欢庆盛大的节日还要高兴。21日，北京市150万军民举行声势浩大的庆祝游行。冰心虽然年事已高，但也兴致勃勃地由西郊赶到城

吴文藻、冰心摄于1977年10月1日

里。在长安街上遇见许多游行队伍,个个喜气洋洋。

冰心到政协礼堂参加庆祝粉碎“四人帮”伟大胜利的大会,见到许多多年不见的老朋友,人人精神焕发。会上的发言,热烈,激昂,生动,精彩!冰心和友人们都感叹说,多少年了,没有参加过这样鼓舞人心的大会了!

粉碎了“四人帮”,结束了“文化大革命”这场历史性的灾难,国家进入了新的历史发展时期。冰心深深感受到万里晴空,大地回春,万象更新。她加紧审阅、校改《世界史纲》的译稿,同时酝酿创作新的篇章。

1977年7月16日,在北京召开中国共产党第十届三中全会。

会议通过关于恢复邓小平中央政治局委员、中央政治局常委、中央副主席、中央军委副主席、国务院副总理、中国人民解放军总参谋长等职务的决议；通过了关于王洪文、张春桥、江青、姚文元反党集团的决议，决定把王洪文、张春桥、江青、姚文元永远开除出党，撤销其党内外一切职务。冰心坐在中央民族学院的礼堂里静静地听着这两个历史性的决议，同时感到周围的人都喜气洋溢！

1977年9月，沙汀从四川来到北京，非常想念阔别多年的朋友，到西郊中央民族学院和平楼看望冰心。沙汀是冰心家最受欢迎的客人之一，平时冰心的友人来了，吴文藻只是寒暄几句后，就去做自己的工作，一般都不参加冰心同客人的谈话，而沙汀是吴文藻最欢迎的朋友。吴文藻、冰心与沙汀畅谈了阔别十年中的种种坎坷遭际，冰心留沙汀吃饭，吴文藻和沙汀一起喝茅台酒，一面喝着，一面谈着，吴文藻感到十分欢畅！沙汀那谈笑风生的样子，给冰心留下了深刻的记忆。

1978年12月18日，具有伟大历史意义的中国共产党第十一届三中全会在北京召开了。会议确定的解放思想，实事求是的指导思想及一系列方针政策，给冰心极大的鼓舞。她感到自己的思想突然变年轻了，过去不敢想不敢做的事，现在敢想敢做了。她决心本着实事求是的原则，写实事，讲真话，写出更多真、善、美的作品。

为了贯彻中共中央十一届三中全会精神，推动思想解放运动，中共中央在北京召开了长达三个月的党的理论工作务虚会。会议对“两个凡是”和思想僵化现象进行了尖锐的批评，继续深入开展实践是检验真理的唯一标准的讨论，把多年来被林彪、“四人帮”颠倒的理论是非，进行了清理。敏锐的冰心，终于迎来了思想大解放的浪潮，仿佛解开了二十多年来锁闭心魂的绳索，许多百思不得其解的问题,有了初步的解释。她非常赞赏这场思想解放运动,她比作自己是五四以后参加的第二次思想大解放运动,她要以当年参加五四运动的激情,全身心地投入到这场思想解放的斗争中。

1979年3月,吴文藻接到了邀请,出席重建社会学的座谈会。当时,吴文藻异常激动,他几十年来热爱并潜心钻研,为它付出无数心血的社会学,被取消了近三十年后,终于开始受到重视,怎不让他心花怒放呢!他积极认真准备,在座谈会上作了《社会学与现代化》的发言,他着重指出社会学如何结合国情,从当前的现实出发。他讲了积压在心里多年想讲而没有讲的话,希望大家重视社会学,实现现代化不能没有社会学。他的发言受到与会者的高度评价,吴文藻的心魂为之一振,似乎身上又恢复了青春与活力。他五十年前就提出了社会学应当植根于中国的土壤上,致力于社会学的中国化。他不满足于只是介绍社会学的进展情况,而是针对中国社会,积极组织对于我国城镇、农村和少数民族地区进行社区调查。现在虽然年事已高,但他仍要跟随时代前进,孜孜不倦地阅读大量国内外书刊,研究新问题,撰写论文。1979年8月,他接受了带民族学专业研究生的任务,并在集体开设的民族学基础中,分担了英国社会人类学的教学任务。

冰心看到吴文藻蒙受二十多年不公正待遇,遭受冤屈和压抑,现在终于能够获得重新贡献自己的智慧与才华的机会,她也感到由衷的喜悦。

随后冰心与吴文藻常常一起出席一些重要的会议,如政协常委、民进中央组织的各种会议。

1979年国庆节前夕,冰心与吴文藻都应邀参加国庆宴会。

1980年元旦,冰心与吴文藻参加全国政协举办的新年茶话会。

郭风到冰心寓所拜访，当时已有两三位客人在座，他征求冰心有关纪念叶圣陶从事教育事业七十周年的事。

冰心在谈话中自然流露出对于叶老的关怀和崇敬之情，对于和客人一起坐在沙发上的吴文藻自然流露出一种朴素的爱情。

1982 年夏，梁实秋写了宋代无门慧开禅师《无门关》一偈，寄给女儿梁文茜，让她带给冰心和吴文藻。

春有百花秋有月，
夏有清风冬有雪；
若无闲事挂心头，
便是人生好时节。

27.春意盎然的新居

谁也不会想到，中外驰名的老作家谢冰心，从 1954 年迁进中央民族学院和平楼的一个三间小单元以后，一住就是二十多年，一直没有调整过住房。1981 年，冰心病后，需要有人照顾，小女儿吴青一家就搬回来住。冰心便把最大的那间卧室让给小女儿一家住，她和吴文藻就住靠门口的一间九平方米的小屋。除了两张单人床和书柜之外，只能在南窗下放了一张两屉桌，两个人合用一张书桌，他们就像小学生一样，并排坐着，一人一个抽屉，有时两个人一起看书。当冰心写作的时候，吴文藻就主动挪到客厅看资料，而吴文藻撰写论著时，冰心只好去一旁翻阅书刊了。病后的冰心出不去了，

冰心与吴文藻 1982 年合影

她只盼望吴文藻能常出去开个什么会，好让她有个独处的时间，写写文章。

冰心的住房过于拥挤的情况，国务院副总理杨静仁了解后，批示拨专款给冰心建造一座独立的平房。冰心很感动，也很感激党和国家对她的关怀和照顾。然而更多的则是不安，她说："好多普通老百姓住房还比我们挤呢，不能这样麻烦中央，也不能这样做，我只希望如可能就在我这座楼房附近再找一两间普通房子，够住就行。"

在冰心坚决婉谢下，中央民族学院就把这笔钱用于建设教授楼了。盖好以后，给吴文藻、冰心一个单元，再把旁边的一个小单元打通，两个单元连在一起。

一年以后，1983 年 12 月，冰心迁入新居，住进了中央民族学院的教授楼,住房条件有了很大改善。那是一个冬日的黄昏,树木已经脱去了夏天的盛装。挺拔高耸的参天杨,摇曳多姿的垂柳,飘送清香的槐树,绿荫如盖的梧桐,都是光秃秃的。太阳也是懒洋洋的,在它的淡淡余晖临照下,似乎没有丝毫的暖意。可是,冰心的新居,却是春意盎然。

客厅的窗帘上是亭亭的绿竹,东墙上悬挂着周恩来总理的大幅彩色照片,一瓶鲜花放在周恩来总理像前。西边的墙上是著名画家吴作人的熊猫图,两旁是雄劲的巨笔写的对联“世事沧桑心事定,胸中海岳梦中飞”,这还是 1924 年冰心集清朝诗人龚自珍的诗句,请梁启超先生写的,经过多少风雨,她一直珍藏至今。这间新设计的单元楼的客厅,虽不特别宽敞,布置也很简单,却显得那样清雅、和谐。

通凉台的朝阳的房间,是冰心和吴文藻的卧室兼书房,窗前两张写字台上面放着台灯、小钟、砚台等常用的东西。两壁摆着四个书柜,还有两张单人床,窗明几净,这为冰心的创作提供了一个安静的环境。

艺苑新秀冯骥才新任政协委员,来北京出席政协会议,6 月 15 日,中国民主促进会秘书长葛志成特地陪同冯骥才到冰心的寓所看望。

冯骥才走进冰心的客厅,冰心就笑着说:“欢迎你到我家来,欢迎你参加民进。”

冰心同冯骥才握手后,抬头望了一下身高一米九一的冯骥才:“你个儿真高啊,像一位运动员。”

“您还是那样,并不见老。”

“你以前见过我吗?”冰心一边请冯骥才喝茶,一边亲切地问。

“那是在1978年北京的一次儿童文学座谈会上，我见到过您，您的讲话风度给我印象很深，只是那时候您还不认识我。”

“今天咱们是一家人，算是认识了吧。”

冯骥才告诉冰心，他高中毕业后，当过天津篮球队的中锋，后来因为手臂受伤，才到天津书画社工作，曾在天津市举办过个人画展，1979年才开始当专业作家。

“最近在写些什么？”冰心问。

“刚写完两部中篇小说，《走进暴风雨》《矬子伍海量》……”

“你正是创作旺盛之年，可不能太累，要注意保重身体。”

冯骥才从背包里拿出两本新书《雾里看伦敦》《意大利小提琴》送给冰心，冰心回赠了新出版的《冰心散文选》。

“今天是什么日子啊？”冰心忽然问道。

坐在一旁的吴文藻教授说：“刚巧是端午节，请客人吃粽子吧。”

大家吃着粽子，冰心又笑着说：“你们不知道吧，今天是我同文藻结婚五十四周年纪念日啊！”话音刚落，客厅里的气氛更活跃了。

冯骥才接着问：“谢老，您还记得当年的情景吗？”

“记得，记得，那时候，我二十九岁，已经在燕京大学教了三年书，我们的婚礼简单得很……”

冰心指着墙上挂的一幅画说：“那是一位朋友在我们金婚纪念时送给我们的……”

冯骥才也谈起他在十年动乱中结婚，那时家里被抄，还住着红卫兵。

冰心感慨地说：“现在青年人结婚讲排场，比我们过去阔气得多了。”

冯骥才谈起在上海见到巴金的情景，接着说：“我们这些中年作家对谢老和巴老都很有感情，从内心里尊敬您和巴老，你们严肃认真的创作道路，给中年作家影响很大，使我们汲取了前进的力量。”

“我们都老了，现在写不了什么，繁荣文艺创作的重任落在你们这一代身上了。”冰心谦虚地说。

1984年的春节来到了。在除夕夜，冰心的家里洋溢着温馨与喜乐。按南方传统习惯，一家人聚在一起吃年夜饭。吴文藻教授是江苏江阴人，两个女婿也是南方人，所以他们家的菜肴都是南方风味。全家人其乐融融地欢聚一堂。这时，窗外是声声繁密而响亮的爆竹，中间还有孩子们放的“二踢脚”。冰心看到薄纱窗帘上还不时地映出火树银花的粲然一亮，那是孩子们在放着各种各样的烟火。全家三代共度热闹欢畅的除夕之夜。

冰心的干女儿浦丽琳，在冰心的召唤下，1984年8月从美国回到北京。浦丽琳是吴文藻清华大学的同班同学浦薛凤（狄生）的女儿，20世纪40年代末随父母到台湾，后获奖学金赴美留学。在美国以心笛为笔名发表诗作，大学时代在美国旧金山的《少年中国晨报》发表诗。50年代成为纽约华人“白马社”最年轻的诗人。浦丽琳住在冰心家里，冰心像对待自己的女儿一样，夜里为她掖好被子，使她重温了母爱的温馨。

浦丽琳回忆说：“我高中毕业时，得到出国留学的奖学金，但是不知道学什么专业好，我就写信问干妈，干妈很快就回信说：‘选什么专业都一样，但是出国后，要记住一点，外国朋友对你会很热情，但是朋友间的关系，并不等于国家，并不等于国家与国家的关系……’干妈这段话深刻极了，我一直记在心上……”

冰心会心地微笑着。浦丽琳根据自己的经验，说：“在关键时刻，干妈很有主见，做事很果断。”

吴青接过话茬儿,笑着说:“娘是独断专行,谁也说服不了,你们只看见她的一面,另一面没有看到……”

说得冰心高兴地笑起来,充满爱意的眼光望着小女儿,她知道女儿总是想着法子逗她开心。她又把目光转到浦丽琳那边。浦丽琳看到这个家庭的轻松、和谐,便说:“在国外工作,真是非常紧张,在图书馆做咨询工作,每天八小时,每四小时才给十五分钟休息,工作时间就是要以你的全部生命、精力去换取工作效率。下班以后,买菜,回家做饭,各种家务,非常疲倦。”

“你回来工作吧,北京图书馆已经破土动工了,离这里可近了!”

吴文藻在检索国外资料

冰心说。

浦丽琳没有表态。冰心又接着说:“她在国外听得太多了,我还要给她洗脑子呢!”

冰心找出中共中央十一届六中全会《关于建国以来党的若干历史问题的决议》给浦丽琳看,说:“党对‘文革’的态度,这上面都写得清清楚楚的了。”

“不再发生‘文革’就好了!”浦丽琳郑重地说。

午餐的时候,冰心指着餐桌上的平鱼和香肠,说:“这两样菜都是丽琳从友谊商店买来的。”

浦丽琳先给干爹干妈夹菜,说:“鱼皮的营养最丰富!”

“爷爷从来不吃鱼皮,你这一说,他就吃了。”吴青的爱人陈恕笑着说。

吴文藻听着,会心地笑了。

饭后,陈恕拿来了新疆西瓜,笑着说:“这是我今天刚买来的,不过,我买西瓜,大了要受批评,不好了也要受批评,不管怎么着,都不行!”

冰心反应敏捷极了,立即说:“那是他们夫妻间的……”

“还有间接的批评,不过方式不同罢了!”陈恕又说。

吴文藻知道这话是暗指冰心,开心地笑着,笑得那样天真,那样愉悦,人也显得格外精神。

一家人沉浸在民主、融洽的氛围里,浦丽琳带着豪情说:“干妈要我回来,有这么好的机会,就是借钱我也得回来。”

“明年这时候再回来,就在北京图书馆工作了!”冰心说。

“在国外,没有多少时间写作。因为需要靠工作来养活自己,否则根本没有办法,要工作到六十五岁至七十岁退休。”浦丽琳感叹着。

“凌叔华要回来定居,已经给她准备好两套房子了,她怕回来没有工作,我想画院什么都可以的。她要我给她找个人做家务,否则她一个人没有办法,我想把这情况告诉邓大姐,政协怎么也应该安排……”冰心说。

浦丽琳在冰心家里住了三个星期,就要回美国洛杉矶去,冰心舍不得她走。因为浦丽琳工作的商学院就要开学了,无法挽留。浦丽琳走后,1984 年 9 月 16 日,冰心就根据浦丽琳的经历,写了一篇小说《桥》。

28.永远的抱憾

1985 年夏,热浪袭击着北京,在炎热的 7 月里,中央民族学院已放暑假了。师生们用各种方式度过酷暑,而吴文藻教授却顾不上休息,连日赶着看他的三个研究生的论文,并十分认真地查阅有关的资料,给学生提出修改意见。

时光会使最亮的刀生锈,岁月会折断最强的弓弩。

7 月 27 日,当第三篇论文看完时,吴文藻才对冰心说:“不知怎么搞的,我感到身上不舒服,觉得非常的累。”

“要不到医院去看看。”冰心立即说。

过了一会儿,吴文藻教授自己去拿拐棍,感到控制不住自己,突然摔了一跤。全家人都吓坏了,赶紧要车把他送到北京医院。

经医生检查,说是心脏里的一小块血栓,流到脑子里,造成脑血

吴文藻、冰心摄于1981年5月

栓,后来又并发肺炎。儿子吴平和女儿吴冰、吴青,三家轮流到医院照顾,中央民族学院派了一辆车,为照顾病人专用。冰心看到这次吴文藻的病情不轻,她心里非常难过,尽管自己身体不好,她也总是要到医院去看望。当病情略为转轻时,她的心情稍微好些。吴文藻情况不是太好时,她从医院回来,总是不吃不喝,连话也不说。独自默默地坐在那里,回想着他们共同走过的半个多世纪。

8月6日,冰心到医院探视,看到吴文藻的病情日渐沉重,冰心忍着心头的痛楚,回来打开吴文藻的抽屉,找出吴文藻的遗嘱。她看到遗嘱写得很简单,只有三条:一、不要开追悼会,不要遗体告别;二、藏书捐献给中央民族学院图书馆;三、存款给中央民族学院的研究生,因为普通大学生都有助学金,研究生没有助学金。

冰心看遗嘱上没有写日期，捧在手里，默默垂泪。她总是勉强支撑着到医院去，坐在吴文藻病床边，相对无语，而她的心却是翻江倒海般的潮起潮落……

北京医院的医护人员，全力以赴地精心为吴文藻教授医治，医生用了当时最好的药物。但病情没能控制住。

9月24日清晨，儿子吴平在医院值班，他用热毛巾给父亲擦擦身，他还帮父亲翻翻身，他看到父亲出气有点粗，而且很费劲，赶紧找医生来。医生来后，看到吴文藻教授的呼吸已经很弱了，感到没有办法了，连忙让通知家属。大女儿吴冰、大女婿李志昌、二女婿陈恕都赶来了，望着老人安详地闭上眼睛。6点20分，中国社会学的开山鼻祖、著名的人类学家，就这样平静地离开了人世。

儿女们都不敢马上把这个不幸的消息告诉母亲，他们患难与共五十多年，相亲相爱，感情那么深，深恐冰心受不了，可是这样的大事瞒也瞒不住啊！

当天上午，冰心看到吴平、吴冰、李志昌都回家来了，谁都没有说话，看到他们的表情，冰心立刻意识到吴文藻已经走了。

中央民族学院的领导来了，慰问冰心，商量后事的安排。

中央民族学院的领导说："吴先生去世，报告了杨静仁副总理，他要亲自来向吴先生的遗体告别……我们的意见还是举行个仪式，让他的学生们有个表示哀悼的机会。"

冰心平静地表示，感谢中央领导和学院领导的关怀，既然吴文藻有遗嘱，不要开追悼会，不要遗体告别，还是尊重他的遗愿吧，不要什么仪式。民院派个代表就行了，他的学生，就是费孝通、林耀华，其他不是直接的学生，就不要去了，就是几个孩子去告个别就行了……

当好几位中央民委、中联部、中央民族学院的领导同志提出要去参加时，冰心辞谢说："我都不去，你们更不必去了。"

9月27日，是吴文藻教授火化的日子，儿女们订了一个精致的花篮，冰心亲自用白色的绶带，写上："献给文藻，婉莹并第二三代的孩子们。"

为了避免兴师动众，冰心自己也没有去医院告别，把悲痛深深地埋在心里。

冰心的二弟谢为杰和弟媳李文玲来到姐姐的家，送来了花圈。吴冰、吴青赶忙下楼，扶着二舅和二舅妈上楼。姐弟相见，谢为杰紧紧地握着姐姐的手，尚未开口，就泪流满面。

冰心没谈文藻的事，却关切地问二弟："为杰，你的眼睛怎么样了？"

接着又问李文玲："你的手怎么啦？"

"昨天下午摔了一跤，骨折了……"李文玲回答说。

冰心看到二弟为杰哭得很伤心，反而劝慰二弟说："你不要太难过了，你最近眼睛又不好……"她坚持不让二弟和二弟媳到医院去告别，他们就留在冰心的家里陪姐姐度过这人间最痛苦的日子。

在冰心极度悲痛的日子里，她想到吴文藻的遗愿要把一生节俭积攒下来的三万元存款捐给中央民族学院，作为社会学、人类学研究生的奖学金。眼下研究生的招生工作即将开始，不能耽误。她让孩子把存款取出来，交给学院有关领导，她的心才算平静下来。

他们的无私奉献，闻者无不心情激荡，感慨万端。对冰心和吴文藻深有了解的罗青长部长说："他们都是有名望的知识分子，他们仰慕共产党，从海外回来，总理对他们那样礼遇，可是后来受委屈，工作、生活、身体都受到影响。他们没有计较，吴教授的表现比共产党员还共产党员！共产党员做不到的，他们都做到了。”

中央民族学院给吴文藻的生前好友发了讣告，《人民日报》刊登吴文藻教授逝世的消息，悼念的函电像雪片一样，纷纷飞到冰心的家里。

冰心很稳静、智慧地看待人的生死。她深感“夕阳无限好，只是近黄昏”，这是自然规律。她永远眷恋着自己最亲爱的人，却又不停顿地用她那支秀笔，写出时代的新歌。一年多以后，她写出了感情深沉、形象生动的散文名篇《我的老伴——吴文藻》。在文章结尾，她深切地说：“他的也就是我们的晚年，在精神和物质方面，都没有感到丝毫的不足。要说他八十五岁死去，更不能说是短命，只是从

吴文藻、冰心合影

他的重建和发展中国社会学的志愿和我们的家人骨肉之间的感情来说,对于他的忽然走开,我们是永远抱憾的!”

与冰心同辈的亲人们都先后离去,冰心一个个地为他们送别。这是何等的心酸,冰心说:“我流尽了最后的眼泪! 王羲之在《兰亭集序》里说‘死生亦大矣,岂不痛哉’。我倒觉得‘死’真是个‘解脱’,‘痛’的是后死的人。”

就在老友们一个个离去的时刻,又传来梁实秋在台湾因心肌梗死逝世的消息。梁实秋的女儿梁文茜打电话来,告诉冰心说,父亲去世时一点痛苦都没有,劝冰心不要难过。冰心说:“我怎能不难过呢? 我们之间的友谊,不比寻常啊!”

梁实秋同冰心、吴文藻是相识六十多年的老朋友,20 年代一同在美国留学,抗日战争时期在重庆相处。“文化大革命”期间,外界误传冰心的死讯,梁实秋以为冰心已不在人世,他情不自禁,写了悼念冰心的文章——《忆冰心》。直到 1972 年,凌叔华从伦敦写信到美国西雅图,告诉梁实秋:“冰心依然健在。”梁实秋读信后“惊喜之余,深悔孟浪”。

若干年后,冰心读到梁实秋写的《忆冰心》,读完后,冰心感激他的念旧。1986 年 3 月 15 日,她给梁实秋写了一封信,交由梁实秋在北京的女儿梁文茜转给他,希望他能回北京看看。信的全文如下:

实秋:

文茜来了,把你们的相片给我带来了,拍得很好,显得你那么年轻,我也不错,“垮”不了,那么好的世界怎会垮呢? 你应当回来看一看,至少可以和我会一面,听说你写许多文章,忆旧的,可是那有什么用处? 还是来一下吧! 匆匆交给文茜寄给你。

问嫂夫人好！

冰心

一九八六，三，十五

梁实秋原籍浙江，出生在北京，对北京很有感情，很想回来看看。就在他要做出归来的计划之前，突然逝世了。冰心得知后，很难过，也为他感到遗憾。冰心没想到还是轮到她来为梁实秋写悼念文章。在《悼念梁实秋先生》一文中冰心写道："实秋，你还是幸福的，被人悼念，总比写悼念别人的文章的人，少流一些眼泪，不是吗？"

冰心对德国诗人海涅所说的下面一段话很赞赏：

每个人都要服从时代的规律，不管他愿与不愿……太阳纵然还是无限美丽，最后它总要西沉！